大夏书系·家庭教育

很老很老的育儿经

唐中云 著

历史故事
中的
家教智慧

华东师范大学出版社
ECNUP
全国百佳图书出版单位
·上海·

图书在版编目（CIP）数据

很老很老的育儿经：历史故事中的家教智慧 / 唐中云著 . 一上海：华东师范大学出版社，2021

ISBN 978-7-5760-1428-0

Ⅰ.①很 ... Ⅱ.①唐 ... Ⅲ.①家庭教育—中国 Ⅳ.① G78

中国版本图书馆 CIP 数据核字（2021）第 044246 号

大夏书系·家庭教育

很老很老的育儿经：历史故事中的家教智慧

著　　者	唐中云	
策划编辑	卢风保　项恩炜	
责任编辑	任媛媛	
责任校对	杨　坤	
封面设计	奇文云海·设计顾问	

出版发行　华东师范大学出版社
社　　址　上海市中山北路 3663 号　邮编　200062
网　　址　www.ecnupress.com.cn
电　　话　021－60821666　行政传真　021－62572105
客服电话　021－62865537
邮购电话　021－62869887　地址　上海市中山北路 3663 号华东师范大学校内先锋路口
网　　店　http：//hdsdcbs.tmall.com

印 刷 者　北京密兴印刷有限公司
开　　本　700×1000　16 开
插　　页　1
印　　张　12.5
字　　数　188 千字
版　　次　2021 年 4 月第一版
印　　次　2021 年 4 月第一次
印　　数　6 100
书　　号　ISBN 978－7－5760－1428－0
定　　价　45.00 元

出 版 人　王　焰

（如发现本版图书有印订质量问题，请寄回本社市场部调换或电话 021-62865537 联系）

目 录
Contents

第四辑
见贤而思齐，闻过而自新

第五辑
多元看历史，思考必有得

第六辑
师生诉心声，《史记》传古今

序　品味《史记》中的教育智慧

清华大学附属中学校长　王殿军

当我读到唐中云老师这部书稿，看到《提供安全港湾，期待孩子自觉发奋》《逆境是磨砺，隐忍成大业》这些篇名时，不禁想起了自己的经历：小时候家里很穷，没钱买书，父亲抄了好多书给我看，那些父亲抄的书现在还工整地摆放在我的书架上。尽管那时家里贫穷，父亲给我的关爱却是丰厚的，看我爱看书，他就不辞辛苦地一本本地抄给我。我也碰上了一些好机会，比如遇到城里下乡的知青老师，赶上了恢复高考。我抓住了这些机会，在知青老师们的教导下，通过自己的努力考上了大学。后来又碰上北大教授要招我当博士，虽然我因为没有硕士学历，考试时比别人多考了五门，但我也通过自己的努力考上了。现在想来，无论处于什么时代，自己确实要"自觉发奋"。每个时代都有它的机遇，得到好的时机就要及时抓住，永远不要懈怠，不要错失良机。

我打开书稿仔细阅读，发现这部书别具一格、别有洞天：它在品读《史记》故事的过程中展现教育情境，挖掘故事中的教育智慧，关联今天的教育现实，感发有依托，对历史有思考，角度很独特，讲述有趣味，阅读此书对今天的父母教育子女会有所帮助。

比如《教育要远视，不应近视眼》这篇文章，赵武灵王和赵太后都爱护各自的儿子，赵武灵王却因对儿子的爱没有远见而害了儿子赵章。赵太后则在大臣的建议下着眼长远，同意让儿子去齐国当人质，最终齐国发兵救赵，这一行为既救了国家也成就了儿子。这个故事提醒家长要用长远的眼光去爱孩子，爱孩子也要有谋划、有策略。简简单单的"爱孩子"对父母来说也是一项技术活。英国一位心理学博士说过：这个世界上的爱都是以聚合为最终目的，唯独只有一种爱是以分离为目的，那就是父母对孩子的爱。父母真正成功的爱，就是让孩子尽早作为一个独立的个体从自己的生命中分离出去，这种分离越早，父母对子女的爱就越成功。所以，父母真正爱子女，就要想明白这一点，提前规划好怎么对孩子放手，这就是这本书里说的"爱子，则为之计深远"。

书中第二辑的标题是"其志宜远，其怀宜广"，提倡家长培养孩子远大的志向、宽广的胸襟。其中《提供安全港湾，期待孩子自觉发奋》讲到了苏秦"得时不怠"、发奋图强的故事。苏秦游说秦国失败后并没有气馁，而是回家苦读，抓住了当时战国时期需要外交家，需要很多有口才、有谋略的人的机会，最终凭借自己的学识才华成功地说服了燕国、赵国等国君，佩挂了六国相印。这个故事还关联了当今的教育现实，当今中国正处于腾飞之盛世，国家在各行各业搭好了许多平台，时代也提供了许多使人才脱颖而出的机会，我们要培养孩子这种善于抓住机会的能力。书中还例举了清华大学校长、中科院院士邱勇教授的例子。邱校长努力学习，考上清华大学，改变了自己的命运，继而又刻苦钻研，抓住时代发展的契机，在 OLED 领域获得成功，为国家赢得了荣耀。此书从古代出发，借鉴古代故事中的智慧，联系当今现实中的教育案例进行分析，可给家长和学生以启迪。

唐中云是我校的语文老师，是个有心人，她把自己上《史记》选读这门选修课和阅读《史记》的思考及时记录下来，积少成多，于是有了这本书。在课堂上，也在这本书里，她试图把古文阅读和人生教育联系起来，以促进学生的人格发展。这和我校提出的"为领袖人才奠基"的培养目标是相吻合的。我们培养的"领袖人才"要具有深厚的人文素养，强烈的家国情怀。

唐老师用《史记》作为桥梁，把古今的教育智慧勾连起来，让教育因故事而有趣。中国传统典籍有丰富的智慧可供后人借鉴以解决当今的教育问题。唐老师的这本书是一个很好的尝试，希望唐老师继续沿着这条路研究下去；同时也要注意到，《史记》中的故事、它所反映的内容有些具有局限性，不能把所有故事都生拉硬拽地投射到当今的教育现象上，要具有批判思维，才能真正地吸收《史记》故事中的智慧，更理性地探讨当今教育的现实问题；也希望唐老师继续努力，写出更多有利于实现"立德树人"目标的好作品。最终，我们也希望有更多的朋友通过阅读这本书，一起来品读《史记》中的教育智慧，并运用这些教育智慧来解决现实中的问题，做到以史为鉴，读书有用。

第一辑　其土宜舒，其根宜固

家长宜提供宽松的环境，培养学生善良的本性。

1. 孩子还是富养的好

——从陶朱公、李斯的故事谈教子方法

陶朱公是辅佐越王复仇复国的大臣之一——范蠡。他觉得越王长得"长颈鸟喙"，只可共患难不可共富贵，于是功成后泛舟西湖，隐逸而去。据说他非常擅长做生意，辞官后成了一位富可敌国的商人。贾谊《过秦论》中有一句话"才能不及中人，非有仲尼、墨翟之贤，陶朱、猗顿之富"，其中"陶朱"就是范蠡。

我们今天所关注的就是一个与他有关的话题：孩子是穷养还是富养？

话说陶朱公的二儿子因为在楚国犯法被抓，将被斩首，于是陶朱公想疏通关系救出二儿子，本来他想让小儿子去楚国，但是大儿子知道后寻死觅活：他觉得父亲看不起自己，不派自己却让三弟去救二弟。陶朱公的夫人也一再替大儿子求情，陶朱公最后只好派大儿子去楚国。他给了大儿子一车金银，让他送到楚国庄生家里，还特意叮嘱儿子到了之后不要多逗留，也不要多说话，送完礼物立刻回家等他二弟回来。但是，大儿子很心疼父亲的金银，他在去庄生家之前先偷偷留下了一部分。同时，他也没有听从父亲立即返回的话，而是用私自扣下的钱在楚国住了下来，他不相信庄生能把弟弟救回来——要是救不回弟弟，这些钱可不能白白送人。于是他留在楚国打探消息。庄生收到礼物后，让夫人封存起来，吩咐家人等救出人后再还给陶朱公。庄生连夜拜见楚王，游说楚王说夜观天象，天象不利于楚国，必须大赦天下才可免灾。楚王同意了庄生的建议，于是大赦天下的消息从宫中传出。老大得知，欣喜不已，认为楚王既然要大赦天下，那么二弟自然就会被放出来。所以马上去了庄生家，想把金银再要回去。庄生让他拿走了金银，但是

心里非常生气：我今天居然被一个毛孩子戏耍了！于是庄生又对楚王说：昨天我建议您大赦天下，可今天我就听说陶朱公仗着自己有钱，他儿子在楚国犯了死罪，还开心地说楚王太懦弱，居然不敢对他儿子动刑罚。楚王一听非常生气，决定先处死陶朱公的儿子再大赦天下。最终大儿子带着二弟的尸骨沮丧伤心地回了家，到家一看家里已经做好了办丧事的准备。

这是怎么回事呢？原来陶朱公早就料到老大去会是这样的结局。因为老大是陶朱公创业时所生，知道挣钱不容易，那一车金银，老大会舍不得，他不会按照父亲的话去办事。当他知道楚王大赦时不是高兴地回家报信，而是急着返回庄生家要回金银。他不知道的是：楚王之所以大赦，完全是庄生的主意。

从这个故事中我们可以看到，恰恰是"穷养"造成了老大的缩手缩脚，最终失去了救弟弟的机会。而陶朱公的小儿子呢，他生于陶朱公创业成功之后，一生"富养"，衣食无忧。相比之下，他对金钱不太看重，心胸更开阔，做事拿得起放得下。如果当初是小儿子去见庄生，也许会把入狱的哥哥救回来，这大概就是当初陶朱公要派小儿子去的原因吧。

《史记·李斯列传》中记载，李斯本是上蔡的一介平民，他害怕像茅厕里的老鼠一样生活在"穷困"之中，故而希望像仓库里的老鼠一样富有；所以他发奋图强，成了秦国的一代名相，辅佐秦始皇统一天下，发布号令，设郡县、车同轨、书同文，位极人臣。但是，也正是因为害怕失去既有的富贵生活，以至于后来被赵高威逼利诱控制，最终落得被车裂、夷三族的下场。临终时他跟儿子讲："吾欲与若复牵黄犬俱出上蔡东门逐狡兔，岂可得乎？"

读完陶朱公和李斯的故事，不由得让人思考：孩子是穷养还是富养？

教育启示

（1）相比物质上的"富养"，这里的"富养"更多是指精神上的"富养"。现在生活富裕了，物质上的"富养"比较容易实现，家长们再苦不会苦孩子，吃穿、图书、手机等大都能尽力满足。而精神上的"富养"则很少顾及，或者想到也不知如何去做。因此，我提倡：孩子还是富养的好，物质上的"富养"要"力所能及"，不盲目攀比；精神上的"富养"要"想方设法"，多多益善。

（2）精神的"富养"会让灵魂感到安全和富足。心理学告诉我们，"富养"的孩子在心理上往往会更有安全感、优越感、从容感；而长期"穷养"的孩子则多恐惧感、局促感、危机感和自卑感。"富养"的孩子在安全中生活，格局会更大，人生会更从容。当然，在教育孩子上，我们也不能超出自己的承受力去提供"富养"的条件。要实事求是，故意"藏富穷养"或"藏穷富养"都不可取。力所能及的"富养"是成年人对孩子的承诺。如果经济上不得不"穷养"，那也要尽量给孩子精神上的"富养"，让孩子有大格局、大修为。

"穷养"和"富养"自然离不开金钱，但又不完全由金钱决定。暑假里，有人为了"富养"孩子就把孩子送到国外游学，仿佛价钱越高，视野就越开阔。其实也未必，要看游学是否真的开阔了视野，舒展了心灵。假期旅游，一个父亲让 11 岁的孩子自己设计旅游线路，父亲只负责提供金钱、当司机，这样的情境就是"富养"；而如果家长一个假期花几万块钱送孩子去上一个孩子并不情愿上的辅导班，则不是"富养"。真正的"富养"是基于一定经济基础的教育情境，它能使心灵舒展、内心充实，让孩子获得丰富的情感体验，有勇气去挑战自我、尝试未知、追逐梦想。"富养"是父母用心陪伴的教育情境，是亲人精心设计的教育环境。家长培育的"用心"，孩子体验的"丰富"，二者不可或缺。

（3）教育不能重来，于历史中反省，做合格的家长。教育非常特殊，我们对孩子施加的影响不可从头再来，所以教育的风险很大。好在我们有丰富的历史资料，可以在史书中经历别人的人生，在历史中反省，在现实中调整，这样才能成为合格的家长。王宁先生说："好书不厌百回读，不可不读的是历代经典，让我们从历史中认识自己的来路，在经典中寻求通向未来的智慧。"

自助银行

"富养"孩子于孩子的身心健康成长十分重要，可以舒展心灵，发现孩子的个性特长，让孩子在宽松的环境里自然成长，从而达到孔子讲的"游于艺"的状态。那么究竟如何创设一个"富养"孩子的环境呢？

案例 1

日前在某辩论节目中夺冠的贵州姑娘哈佛博士詹青云出身工薪家庭，家里并不富有，她的成才和家庭的富养有直接的关系。小学时她的成绩很不好，还被人骂成"笨小孩"，但是妈妈是老师，很懂小孩的心理，也很会鼓励人，曾告诉青云，要先倒霉三年，到四年级就会成为年级最聪明的小孩。这样积极的心理暗示就是一种富养，减少了孩子的心理负担，又给了孩子努力进取的信心。另外，她妈妈鼓励青云阅读，她的家里有好多书，上小学前，青云就会讲《西游记》《三国演义》《水浒传》《红楼梦》里的故事。大家看她演讲，旁征博引，气势逼人，和她胸中多有学养分不开。"富养"孩子，并不需要家财万贯，而是要有一颗关爱和关怀孩子的心，创设环境，让孩子在爱的港湾里畅游。

案例 2

有一位学生小时候特别爱看书，经常待在书店里不走。有一天他过生日时，妈妈给了他一件特别的礼物——一个五层的书架，并把他带到书店里，让他把最喜欢的书、看了一遍还想再看的书买回来放到书架上。为此，妈妈花了很长时间留出这个预算。而这个学生对这份礼物也一直难以忘怀，他说妈妈给了他一个让他感激终身的礼物。

教育箴言

彼非不爱其弟，顾有所不能忍者也。是少与我俱，见苦，为生难，故重弃财。至如少弟者，生而见我富，乘坚驱良逐狡兔，岂知财所从来，故轻弃之，非所惜吝。

翻译：他不是不爱他的弟弟，只是不忍心（舍弃钱财）。他从小和我在一起，看见我吃了很多苦，（明白）做生意很难，所以很难放弃财富。至于他的小弟，他生下来就看见我很富有，乘好车，骑好马，去打猎，哪里知道钱财从何处来，所以很轻易地花费钱财，没有什么舍不得。

提示：不是让我们去随意挥霍钱财，而是要在值得投资的地方舍得花费。

2. 教育要远视，不应近视眼
——读《赵世家》从赵武灵王和赵太后说起

读完《赵世家》，书中有两个片段让我久久不能释怀：其一是一代改革家、开疆拓土的赵武灵王在沙丘宫中饿了三个月，被活活饿死；其二是赵太后同意以长安君为人质，含泪送儿离开赵国。前者是强者饿死的凄凉，后者是慈母忍痛送子为质的感动。两个片段之间看似没有什么联系，但我认为，后者包含着前者这一悲剧得出的道理：父母之爱子，则为之计深远，即教育要远望，着眼未来，不能近视眼，只盯着眼前。

一代改革家，赵国中兴的灵魂人物赵武灵王为什么会饿死在自己的宫中？

大名鼎鼎的赵武灵王就是中学语文课本《廉颇蔺相如列传》中让蔺相如"奉璧往使秦国"的赵惠文王的父亲。赵武灵王在位时，加强外交策略，联合周边国家，孤立秦国；又采取"胡服骑射"，改革军事，提高赵国军队的战斗力。他开疆拓土，消灭中山国，设立雁门、云中、代郡三郡，修建赵国长城。赵武灵王时期，赵国的实力空前强大。他15岁登基，41岁时将王位让给他的小儿子赵何，也就是赵惠文王，死时才45岁，这正是一个人最为年富力强的时候，却落得如此下场。

这究竟是怎么回事呢？

赵武灵王娶韩国女为夫人，生儿子赵章，赵章被立为太子。后来赵武灵王做了个梦，梦见一个美女在弹琴唱诗，这个梦中美人让赵武灵王念念不忘。后来在各种宴会上，赵武灵王多次给人讲述自己的梦境，描述梦中情人的美貌。吴王觉得自己的女儿孟姚很像赵王梦中的美人，于是把女儿嫁给了他。赵武灵王非常宠爱这个吴王的女儿，叫她吴娃，尊她为夫人，吴娃生子赵何后，赵武灵王废除原太子赵章，改立赵何为太子。公元前299年，赵武灵王自称主父，也就是太上皇，让赵何登基主持国内事务，自己主要管理军务。封前太子赵章为安阳君，并让大臣田不礼辅佐赵章。赵章不服弟弟赵何，想要自己称王。赵武灵王知道也不加以制止。相反，有一天他看到仪表堂堂的赵章给弟弟赵何行君臣之礼，顿时心生怜惜，于是想封赵章为代王，在赵国实行两王并立。前295年，赵武灵王和儿子们游沙丘，赵章伙同田不礼造反，大臣李兑等起兵平定叛乱。赵章逃到赵武灵王的宫中，赵武灵王开门接其入宫。李兑等人围住主父宫，在赵章死之后（书中未提怎么死的）继续围住，不让赵武灵王出来，因为赵武灵王一出来，李兑等人就会因围主父的罪名被诛杀。可惜沙场上所向披靡、英勇无比的一世英豪，"欲出不得，又不得食"，靠掏宫中鸟窝里的小鸟为生，三个月后，被活活饿死在沙丘宫中。

与此相对应的是赵太后忍痛送幼子长安君去齐国当人质的故事。赵孝成王刚登基，赵威后掌管国事。秦国攻打赵国，已经攻下赵国的三座城池。赵国紧急之下向齐国求救，齐国则要求赵威后的小儿子长安君到齐国做人质才肯出兵。赵太后坚决不同意，因为长安君太小，作为母亲，赵太后舍不得，这也是人之常情。当时担任左师的触龙游说赵太后说："父母之爱子，则为之计深远……""今媪尊长安君之位，而封之以膏腴之地，多予之重器，而不及今令其有功于国，一旦山陵崩，长安君何以自托于赵？"意思是：父母爱孩子，就要替他作长远考虑，您不能只想着给长安君肥沃的地方，珍奇的宝贝，而不让他为赵国立功，将来一旦您去世了，他靠什么在赵国立足啊？在触龙至情至理的劝说下，赵太后终于同意送幼子去齐国做人质。

当然，在功绩上，赵太后无法和赵武灵王相提并论，但在对待儿子的态度上，赵武灵王却不如后来的赵太后爱孩子，不能做到为孩子作长远打算。

我们试想一下，如果赵武灵王做到了"父母之爱子，则为之计深远"，立赵章为嗣，遵守立长为嗣的原则，或退一步立赵何为嗣，但是绝不在立了赵何为太子且在赵何已经登基后，还支持赵章的夺权行动。赵武灵王让赵国二王并立、让两个儿子都不满意的做法，显然于子于国都非常不利。当然，更不该有封赵章为代王的想法，这有分裂赵国的意味。于子、于家、于国，赵武灵王都没有"计深远"。太史公最后评论说"吴娃死，爱弛，怜故太子，欲两王之，犹豫未决，故乱起，以致父子俱死，为天下笑，岂不痛乎？"这个"怜"字足可见赵武灵王爱子极其短视，是一种"近视眼"的行为，而也就是这一"近视眼"的行为最终要了赵武灵王父子的性命。因此，教育要远视，不要近视眼。

教育启示

（1）父母爱其子，则为之计深远。赵太后为了长安君日后能立足于赵国，让他去当人质，为国立功，这就是为孩子考虑的长远之计。反观赵武灵王却"一叶障目"，没有长远打算，在立嗣的问题上考虑不周全，反反复复，以至于最后害了儿子赵章也害了自己。

（2）这个故事让我们思考：自己对孩子的爱够理性吗？是长远之计吗？我们有时对孩子"虽曰爱之，其实害之"。我们是不是总担心孩子处理不好自己的事情？于是帮他做决定，帮他设计好人生道路，可是等父母百年之后呢，孩子如何自立于这个世界？所以，父母爱子，则为之计深远，就要放手让他自己去面对风雨，去作出选择。

（3）让孩子真正成为他自己。鲁迅先生说："父母对于子女，应该健全的产生，尽力的教育，完全的解放。"我们要做的是为他的未来提供最好的教育。教育他如何选择，如何判断，如何接受锻炼，如何成就自我；而这些事项的核心也许就是培养其自主阅读、细心观察、独立思考、审慎判断的习惯。如果没有给予足够的教育就让他们独自在丛林行走，这样的爱是有害的。大家一定还记得2008年奥运会上进入人们视野的两个小朋友，活泼漂亮的妙妙，拥有天籁之音的沛沛。2008年之后，妙妙一头扎进了娱乐圈里沉沉浮浮，有人评论她演技和歌声不见进步；沛沛的父母却为孩子考虑得更深远，帮助孩子远离娱乐圈，让她平静地读书、生活，她父亲在博客上说："任他'满城春色宫墙柳'，我自'独上高楼劝斜阳'。陈师省身有言曰：'于水流婉转处能耐住寂寞，临波涛惊骇时可跃于其上'，以此示儿且自我明志。"2017年2月，沛沛参加在广州举办的USAD china 2017美国学术十项全能中国赛成功晋级，并将赴美参加音乐类的决赛。沛沛的父亲在对待女儿的前途上就是一个计深远的典范，没有被眼前的名利诱惑。

爱孩子是父母的本能，如何爱才能更理性？如何才能使我们的爱更为长远呢？那就要"爱之而为之计深远"。为孩子的未来锻炼健康的身体，培养积极良好的心态，具备良好的习惯、审美的意识、高雅的志趣等等，这些都是孩子受益无穷的素质。反之，如果为了追求学习，一切均由家长代劳，则后患无穷。那些身边的"啃老族"就是教训。一位家长给考上大学的孩子请了一位保姆照顾儿子的衣食起居，这就是一种"近视的母爱"而非"望远的母爱"。

案例 1

生在加拿大的华裔女孩雯雯，妈妈为了让她的汉语也能达到母语的水平，对孩子进行了精心的规划，雯雯回中国读小学，等汉语基本的阅读和写作没有障碍之后，初一时到加拿大去接受西方教育，强化英语水平。寒暑假时她会回来，向父母、奶奶在一起学习基本的生活技能，接受专业的体育、艺术的指导，她会包饺子、蒸馒头、擀面条，有钢琴、小提琴、水彩画等特长，还学会了网球、篮球、乒乓球等体育运动，最重要的是她从来没有缺少亲人的关爱，成长过程中一直感受着家的幸福，雯雯现在对中西文化没有隔阂感，心理健康、性格阳光、爱好广泛、内心充实、自理能力强、体贴家人、成绩优异。雯雯妈妈就很用心，在孩子双语水平的提升、健康身体的养成、审美意识的培养、乐观阳光的性格养成等方面下了很多功夫。

案例 2

莱莱妈妈，觉得女孩子除学习成绩外，艺术修养也特别重要，只有能欣赏美、感受美、能感恩、会表达，才能获得真正的幸福。所以，这位妈妈在培养孩子的情商、艺术修养上投入颇多。在紧张的学习之余，她经常带孩子去看话剧、听歌剧、听音乐会，给孩子买最好的位置的票，让孩子能清晰地看到演员的笑容和泪珠。菜菜在戏剧和音乐中陶冶了情操、开阔了视野、提高了情商。看过了戏剧中的人生，从而更珍惜自己的人生，培养了美好的心灵、开朗的性格、强大的心理、审美的眼光。菜菜去年考上了心仪的大学，今年妈妈生日那天，菜菜妈妈收到了女儿送的一大束鲜花，在别人父母还在为孩子的叛逆烦恼时，菜菜的妈妈收获的是一件贴心的懂得感恩和欣赏美的"小棉袄"。

教育箴言

愚者暗成事，智者睹未形。

翻译：愚蠢的人对人家已经做成了的事还看不明白，智慧的人在事情还没有成形已经看清楚了。

提示：教育要有智慧，要有预见性：在事情未成形时看到其结果，是恶果要尽量避免，是好的结果要尽量促成。

3.关注儿童的心理安全

——《孟尝君列传》中的教育启迪

在战国四公子中，孟尝君似乎和其他三公子有很大区别，他虽身为齐国贵族，却没有什么国家概念，甚至为了自己的权位不惜借助别的国家来攻打自己的母国，时时处处谋私利。他养了三千门客，不是为了给齐国出谋划策，而是为了给自己营狡兔三窟。他脾气很大，谁触怒了他，就会冲人吐口水，"唾其面而大辱之"；甚至对嘲笑自己的赵国人进行屠城，"斫击杀数百人，遂灭一县而去"。同样身为公子，孟尝君为什么比那其他三位更自私、更残暴、更狡猾呢？

孟尝君名田文，是他父亲田婴 40 多个孩子中的一个，母亲是个卑贱的小妾，更不幸的是田文出生在五月初五，当时的民俗认为，这天出生的孩子长到门槛那么高就会克死他的父亲。所以五月初五这天出生的孩子按照惯例是要被父母抛弃的，以免他长大了对父母不利。这个拥有 40 多个儿子的父亲、齐国之相田婴，非常残忍地要求自己的妾一定要把孩子扔掉，不能把这个不吉利的孩子养大。但这个妾并没有听从丈夫的话，而是偷偷把孩子养到了 15 岁。等到田婴宴请朋友时，她让田文的兄弟们带着田文拜见田婴。田婴看见这个孩子，暴怒无比，斥责妾说："我不是让你把他扔掉了吗？你为什么还把他养大了？"田文母亲低头不语。这时年仅 15 岁的田文大步上前，对父亲先行叩拜之礼，然后问父亲："请问父亲，您不养五月初五出生的孩子是因为什么呢？"田婴说："因为五月初五出生的孩子长到门槛那么高时，将对父母不利。"田文又问："人的命究竟是受命于天呢？还是受命于门？"田婴沉默不答。田文接着说："如果是受命于天，那您就没有什么可怕的了；

如果是受命于门，那我们就把门槛做得高高的，谁能长那么高呢？"田婴无言以对便斥责道："你不要说了！"

过了一段时间，田文趁机问田婴："儿子的儿子是什么？"田婴说："是孙子啊。""那孙子的孙子呢？""是玄孙啊。""玄孙的孙子叫什么呢？"田婴说："这我就不知道了。"田文说："父亲，您已经在齐国当了三代君王的相，齐国的土地没有因您而增加，您却因此积累了万贯家财，门下也看不到一位贤明。我听说，将领的门下必出将领，丞相的门下必有丞相。现在您的妻妾穿着绫罗绸缎，而门客们穿着短小的布衣；您的房梁上挂着吃不完的肉，而门客们连糟糠都吃不饱。请问父亲，您今天积累这么多财富，不知将来要遗留给谁？"这一番话，顿时让田婴对田文刮目相看。于是，他让田文专门招待门客，门客数量因此越来越多，田文的名气也越来越大。后来，田婴立田文为世子。田婴死后，田文继承了父亲的封地，被封为薛公，史称孟尝君。这个差点被扔掉的贱妾生的儿子终于靠个人努力获得了父亲的认可，在家中获得了安身的地位，成了家族爵位的继承人。这是一个成功逆袭的典范。

孟尝君喜欢养门客，门客高低不拘，其中不乏鸡鸣狗盗之徒，这些人在关键时候确实帮孟尝君脱离了秦国之险。他的门下还有一个门客叫冯谖，冯谖刚来时，没有展示什么才华，经常弹铗而歌，不断地提条件，一会儿说"食无鱼"，一会儿说"出无车"。孟尝君都满足了他的要求。后来冯谖又说没有地方作为自己的家时，孟尝君心里就很不高兴了，心想"你也没给我做出什么成就，怎么那么多要求？"那么，孟尝君为什么要一而再再而三地答应冯谖的要求呢？原因可能是好面子，门客的数量越多，越能满足虚荣心，他要用门客的数量来赢得尊严。当然冯谖后来为他邀买了薛地民心，替他谋求了狡兔三窟。孟尝君在诸侯国里名气越来越大，很多人都想知道孟尝君长得如何。一次孟尝君经过赵国，赵国人听说孟尝君来了，都出来围观，看见孟尝君时却笑着说："我当初以为薛公是个高大伟岸的大丈夫，刚刚看到啦，原来只是个矮个子。"孟尝君听到了非常生气，于是他的门客就帮他杀光了这个县的几百名男子。

秦国逃亡的将领吕礼得到了齐王的重用，田文为了挤走吕礼，巩固自己的地位，不惜勾结秦国的丞相穰侯魏冉，劝说秦昭王派兵来攻打齐国，借口就是吕礼在齐国。其后，秦昭王果然攻打齐国，吕礼逃跑。后来，齐湣王不想用孟尝君了，他很害怕，于是逃到魏国为相，而又联合秦、赵、燕一起攻打齐国，齐泯王因此被迫逃到莒县，最终死在那里。

为了获得安全感，孟尝君的门客冯谖给他营造了"狡兔三窟"；为了获得安全感，孟尝君牺牲国家的利益和安全；为了获得安全感，孟尝君甚至还带领联合部队攻打齐国，赶走自己的国君。

用权力营造安全感是孟尝君一生的追求。

教育启示

孟尝君的故事，有以下几点可以供我们借鉴：

（1）给孩子一个有安全感的童年。孟尝君因为是五月初五出生的，所以生下来就遭抛弃，而且是遭到自己亲生父亲的抛弃。"被抛弃"是他对这个世界的首个认知，他15年的童年生活是在躲避、恐慌和对兄弟的羡慕中度过的，而作为一个孩子，他又有什么能力改变这些呢？阿德勒在《自卑与超越》里说，一个人童年的记忆涵盖了他对周围环境的初始印象，因为童年既是人生最初的起点，也是人格最初的起点。如果此时周围的环境极度没有安全感，那么无论以后身处什么样的环境他都是焦虑的，就像孟尝君一样，非要有"狡兔三窟"才觉得安全。所以，童年时期的安全感特别重要。

（2）童年虽不能决定一切，但是长大的一切可能都和童年的经历有关。孟尝君生下来遭抛弃导致他非常自卑，虽然他有很强的个人能力，但还是非常在乎别人的看法，父亲的、君主的，甚至是门客的、民众的。赵国人嘲笑他，他就把嘲笑他的人都杀掉。这就是一种不健康的心理。他时刻活在希望获得他人的认可之中，又怎能从容地成长呢？在他的潜意识中，也许觉得只有更大的权利和财富才是靠得住的。孟尝君的逐利行为除了人的本性的因素外，也许跟他童年被抛弃的经历有关。英国著名教育家洛克在《教育漫话》中说道：如果儿童的精神受到过分贬抑，如果他们因管教太严而遭到过多打击，他们就会失去活力和勤奋，从而变得胆小羞怯，萎靡不振。为了孩子美好的未来，父母要尽可能给孩子一个安全的童年。孩子在童年时享受到了温暖和关爱，将来才可能回报世界以责任和担当。

孩子生活方面的安全也值得我们关注，高层楼房我们会装护栏，家具的尖角我们会贴上软软的胶垫，家用小汽车也装有安全椅，在景区里玩都有一根牵着孩子防止孩子乱走的母子绳，家里的床有护栏，地板上贴了泡沫板或地毯，等等。在孩子物质生活的安全方面父母已经很尽心，但还是会出现无意中置孩子于缺乏安全感的环境中的情况。

案例 1

我的一位朋友陈老师有一天在商场坐电梯到 11 层，刚进去就遇到一个 3 岁左右的女孩哭着抱住她叫妈妈，朋友轻轻拍拍她说："我带你找妈妈，刚才你是从哪一层上电梯的？"小女孩说她不知道。于是朋友带着小女孩到了一层，小女孩的妈妈正焦急地等在那里，孩子见到妈妈，哭着就冲过去拥抱她。妈妈却把孩子推开，开始数落她："你刚才去哪里了？你怎么能跟着陌生人就走了呢？"朋友看不下去了，她提醒妈妈说，您先别忙着教育孩子，孩子刚才吓着了，您先抱抱她再说。那位妈妈醒悟过来，感激地看了看我的朋友，停止了训斥，抱起了孩子，孩子也随即停止了大哭。和妈妈走失的孩子内心有没有不安全感？肯定是有的。我那位细心的朋友感受到了，所以问了孩子妈妈在哪里，然后带她去找到了妈妈。因为不安全感，孩子见到妈妈大哭，这时候孩子需要抚慰，妈妈应当等孩子情绪稳定之后再和孩子讲安全教育。陈老师是学心理的，她能敏感地捕捉到孩子眼神中的不安全感，而妈妈虽然疼爱孩子，在关键时候也并没有注意到孩子心理上的恐惧感。

案例 2

这是一个因为一时疏忽而给孩子带来不安全感的例子。我的一位朋友带 3 岁的孩子回老家，孩子困了，朋友就让孩子先睡。朋友把房里的灯都灭了，留孩子独自在房里睡觉。谈兴正浓的大人们则到楼下房间继续聊天。聊着聊着也忘了时间，突然听到孩子在楼上大哭，于是朋友赶紧跑上楼。原来，孩子晚上醒来，发现房间是黑的、环境是陌生的、父母也不在身边，吓得大哭起来。父母后来安抚了很长时间，孩子才再次入睡。从此之后，孩子睡觉总要开着灯——因为怕黑，晚上还经常有做噩梦、尖叫着惊醒的情况。此后出现的在熟悉的环境里也要开灯睡觉、做噩梦、尖叫这些状况，其实就是潜意识里有不安全感的表现。当然，安全感也可以重建，只要日后注意，慢慢地就能帮孩子找回内心的安全感。

为了让孩子快乐成长，让我们用心地营造一个安全的环境吧。

教育箴言

文曰："人生受命于天乎？将受命于户邪？"婴默然。文曰："必受命于天，君何忧焉；必受命于户，则可高其户耳，谁能至者！"

翻译：

田文说：一个人的命运是被老天爷决定的呢？还是被门决定的？田婴沉默不语。田文说："如果是被老天爷决定的，您又忧虑什么呢？如果是被门槛决定的，那么把门修高点就行了，谁能长到门那么高呢。"

提示：在命运的安排面前，不屈服于命运，命自天定，福由自求。

4. 不仅教知识，还要教思考力和判断力

　　——从吕老爹、张老爹的择婿观说起

　　作为父母，都希望为孩子找个好对象，要求出身好、工作好、人品好、会挣钱，等等。在读《史记》中的《高祖本纪》《史记·陈丞相世家》时，我却发现有些人有着和寻常人不一样的择婿标准。

　　吕老爹，吕雉的父亲，则凭借一张空头支票就看懂了刘季的内心格局。原文是这样的：

　　单父人吕公善沛令，避仇从之客，因家沛焉。沛中豪桀吏闻令有重客，皆往贺。萧何为主吏，主进，令诸大夫曰："进不满千钱，坐之堂下。"高祖为亭长，素易诸吏，乃绐为谒曰："贺钱万。"实不持一钱。谒入，吕公大惊，起，迎之门。吕公者，好相人，见高祖状貌，因重敬之，引入坐。萧何曰："刘季固多大言，少成事。"高祖因狎侮诸客，遂坐上坐，无所诎。酒阑，吕公因目固留高祖。高祖竟酒，后。吕公曰："臣少好相人，相人多矣，无如季相，愿季自爱。臣有息女，愿为季箕帚妾。"酒罢，吕媪怒吕公曰："公始常欲奇此女，与贵人。沛令善公，求之不与，何自妄许与刘季？"吕公曰："此非儿女子所知也。"卒与刘季。吕公女乃吕后也，生孝惠帝、鲁元公主。

　　单父县吕公和沛县县令交情很好，他为躲避仇人来沛县县令家做客，于是就在这里定居下来。沛县的豪门贵族官吏听说县令家来了贵客，都去祝贺。萧何做管事的官吏，管理大家进献的贺礼，他对前来的官员讲，"进献的钱不满一千的人，坐到堂屋下面"。高祖刘邦那时正做亭长，平素瞧不起这些官吏，于是就骗人说自己贺礼一万，实际上没拿一分钱。他进来拜见吕

公，吕公特别惊讶，亲自到门口迎接。吕公平常喜欢给人相面，看见高祖的相貌，就特别敬重他，请他入座。萧何则说："刘季这个人素来喜欢说大话，却很少能做得到。"刘邦将各位来宾戏谑耍弄一番，坐在上座也没有一点不好意思。此时的刘邦就是这样一个无赖子，吕公却对他另眼相看。酒快喝完了，吕公用目光示意刘邦留下来，刘邦就故意落在后面。吕公说："我从小就喜欢给人相面，看到的人多了，没有像您这么高贵的相貌，希望您多多保重。您要不嫌弃的话，我有一个女儿，希望给您做妻子，您看行吗？"酒宴结束回到家，吕老爹和妻子说起把女儿许给刘邦这回事，吕老太太恼怒地对吕公说："你经常说我们这个女儿奇特，一定要嫁个贵人。沛县县令和你关系这么好，向你求娶，你都不答应，为什么今天就胡乱许配给了这个刘季呢？"吕公说："这些不是你们能知道的，说了你也不明白！"于是就把女儿嫁给了刘季。吕公女儿就是后来的吕太后，也是孝惠帝和鲁元公主的母亲。

吕公嫁女这件事太史公写得特别精彩，富有戏剧性，但是没有说明吕公究竟为什么把女儿嫁给了刘季。

刘季长得好？好像不是。《高祖本纪》记载："隆准而龙颜，美须髯，左股有七十二黑子，仁而爱人，喜施，意豁如也。常有大度，不事家人生产作业。及壮，试为吏，为泗水亭长，廷中吏无所不狎侮。好酒及色。"

高祖长相中有特点的可能就是那个"隆准"——高鼻梁。而"龙颜"也不是说皇帝的样子，是凸起的额头。"美须髯"是漂亮的胡子。"左股有七十二黑子"，腿上有七十二颗黑痣。长相实在谈不上好看。但事实证明吕老爹确实相人有术，这女婿后来得到了天下。

他的不足为"儿女子之所知"的缘由是什么呢？

也许他从那张空头支票中看到了刘季的独特。

首先，刘季的"勇"。即有胆量，有气魄。在一个以贺钱的多少决定席位高低的宴会上敢于撒谎，敢于名正言顺地坐到上席，这确实有胆量，也确实太不拘礼节了。但在乱世之中，这就是刘季的大资本。萧何、曹参都害怕起义失败被掘坟灭族，刘邦不怕，敢出头，于是他当了领袖。这就是吕老爹的厉害处，可能他在宴会上对刘季进行了充分观察，这个骗人说"贺钱万"的人没有带一分钱，还把大家都羞辱一通，坐在上席脸不红心不跳，谈笑风生，不拘泥于环境，有着不同一般的高明之处，这个人将来肯定有出息。

其次，刘季的"大度"和与众不同。刘邦不喜欢做农活，他认为老老实实种田、做生意"逐什一之利"，都发不了大财。他有高远的目标，想做点名堂出来，想超越自己的阶级。吕老爹是经历过这些事情的人，他是认同刘季的，不觉得不干农活是什么坏事。他的女儿不能嫁个只会过日子的人，得有一定的出息，将来能庇护自己。而这个刘季，未来的目标正好和吕老爹的期待相一致。刘季这个目标他的父亲刘太公是不知道的，刘太公曾经批评刘季不务正业，不如老二勤奋肯干，"始大人常以臣无赖，不能治产业，不如仲力。今某之业所就孰与仲多？"刘季对此一直耿耿于怀，在未央宫建成之时，当着群臣的面问老爹，"您看是我的家产大呢，还是老二的家产大啊？"群臣皆呼万岁，大笑为乐。

但吕老爹确实有判断力，后来的事实也证明了这一点。这种判断人的能力是一种综合能力，据说曾国藩也具有这种超强的判断力。他把见过的有特点的人都在日记里记下来，并写下他们适合的工作，等有了职位时，就去请他过来做幕僚，如他相中的幕僚左宗棠、李鸿章后来都是封疆大吏，功绩卓越。

与此相对，张老爹也有非同寻常的择婿观。他看重的是陈平那张能交接名流的明星脸。《史记·陈丞相世家》是这样记载的：

陈丞相平者，阳武户牖乡人也。少时家贫，好读书，有田三十亩，独与兄伯居。伯常耕田，纵平使游学。平为人长大美色。人或谓陈平曰："贫何食而肥若是？"其嫂嫉平之不视家生产，曰："亦食糠覈耳。有叔如此，不如无有。"伯闻之，逐其妇而弃之。

及平长，可娶妻，富人莫肯与者，贫者平亦耻之。久之，户牖富人有张负，张负女孙五嫁而夫辄死，人莫敢娶。平欲得之。邑中有丧，平贫，侍丧，以先往后罢为助。张负既见之丧所，独视伟平，平亦以故后去。负随平至其家，家乃负郭穷巷，以弊席为门，然门外多有长者车辙。张负归，谓其子仲曰："吾欲以女孙予陈平。"张仲曰："平贫不事事，一县中尽笑其所为，独奈何予女乎？"负曰："人固有好美如陈平而长贫贱者乎？"卒与女。为平贫，乃假贷币以聘，予酒肉之资以内妇。负诫其孙曰："毋以贫故，事人不谨。事兄伯如事父，事嫂如母。"平既娶张氏女，赍用益饶，游道日广。

陈平喜欢读书，人长得帅，但是家里贫穷，不爱干农活，无所事事。富人不愿把女儿嫁给他，家里贫穷的陈平也不愿意娶。他扬言要娶个富二代，大家都笑话他。张负这个富人却不同，"独视伟平"，独独看好陈平，愿意把孙女嫁给陈平，还借钱给陈平出聘礼，又资助了很多钱供陈平吃喝结交朋友。这么一个没人敢嫁的人，张负为何如此中意他呢？

首先，陈平有魄力，敢娶他家孙女。因为他的孙女嫁了五次，丈夫都死了，但"陈平欲得之"，估计陈平对张负也有所暗示。"平亦以故后去"就是在暗示张负，自己有意做其孙女婿。张负看出这个人不一般，能做他人之不敢做之事。

其次，陈平还有很多阔气朋友。张负并不是有人愿意娶自己的孙女儿就赶紧把孙女儿嫁出去的，他也做了实地考察。他尾随陈平到其家里，发现陈平家虽然穷得一无所有，但门外有"长者车辙"。"长者"是有学问有声望的人，"车辙"，驾车来的，这样一来，张负就发现陈平交往的都是有钱有地位的人。

第三，陈平有志向，兴趣爱好与众不同。张负发现陈平不爱做田地里的活，却愿意在别人办丧事时去帮忙，赚点钱谋生。农村办丧事时，张罗事情的人其实是脑袋最清楚的人。张老爹看中的正是陈平在邀请宾客、安排调度中表现出来的判断力和组织协调能力。陈平"好读书"，他就是要凭所读的书来谋生，要做"劳心者"而不是"劳力者"。"有这样高远的追求，长得又相貌堂堂，还有很广的交往，更不嫌弃我家这个克夫的孙女，有我这么多钱财的支持，怎么可能'长贫贱'呢？！"

吕老爹和张老爹都有自己的判断力，他们把观察他人、审视他人得来的信息进行综合分析，最后作出了独到的选择。所以，我们培养子女，除了培养其好的品质，丰富的学识外，还要培养其独特的判断力，把对孩子的能力培养放在第一位，这对孩子将来的发展和成长都有着非凡的影响。

教育启示

两位老爹的选择和判断可以给我们一些启迪：

（1）他们的判断立足于现在，着眼于未来。如果只看当时刘邦和陈平的家境，那么两位老爹都不可能将他们作为女婿、孙女婿的人选。但他们都能着眼于未来，知道用发展的眼光来看人，不看重财富，而看重人的气度，即气质。没有不凡的气度就没有成功的未来。在这个意义上，两位老爹确实是相人有术。他们看到了刘邦从容走进宴会大厅，大声叫"贺钱万"，淡定地坐在上席上的这一过程；看到了陈平家贫不愿力耕，但愿意和高层次的朋友交往。两位老爹通过这些表象看到了背后的实质——两人都有着着眼于未来的前瞻性。这种前瞻性正是未来成功的关键。

（2）他们都有在实践中观察判断人的能力。吕老爹在宴会上观察刘季，张老爹在分肉时观察陈平，还跟着陈平去他家里考察，察看门口车辙的痕迹。观察不可谓不细致。《论语》有言："视其所以，观其所由，察其所安。人焉廋哉？人焉廋哉？"意思是说："看明白他正在做的事，看清楚他做事的缘由，看仔细他的个人爱好。这个人还能如何隐藏呢？"通过细致观察，吕老爹看到了刘季的领袖气质，气度不凡，胆儿够大，脸皮够厚，抗挫能力强；张老爹看到了陈平谋划得当、善于处理人际关系等各项事宜的能力。

（3）帮孩子形成独特的判断力。读史让我们发现，凡事从众虽然是比较安全的选择，但并不一定都是最好的选择。20世纪80年代，我上初三时班里最优秀的孩子不是去上高中考大学而是去上中专，因为读三年后就能工作领工资，这是当时大家都羡慕的选择。但凡事都有例外，我们班一位成绩优异的同学就不愿意从众，他去考了高中，上了大学，后来做了大学教授；而另一位成绩优异的同学，按照当时流行的选择，上了中专，毕业回到乡镇中学教初中。这里不是说在乡下教初中就不如当教授好，而是那个没考中专的同学对自己当初选择读高中很满意，这让我意识到判断力的重要性。家长要为孩子提供各种各样的帮助，而我认为，帮助孩子形成独立的判断，并作出独特的判断才是最重要的。只有具备了良好的判断力，才可能最终作出最正确、最适合自己的选择。因此，帮孩子做选择，不如帮孩子形成独特的判断力。

第一辑　其土宜舒，其根宜固

培养孩子独特的判断力很困难，但是又非常重要。判断力的形成要基于严密的逻辑分析和细致的观察，此外，还要有丰厚的学识、广博的见识。

案例 1

我的一名学生在申请英国的学校时被拒绝，他很沮丧，但仔细阅读那封拒绝信，竟然有了新发现。于是他马上奋笔疾书，写了一封言辞恳切的信，并且再次附上自荐信发送了出去。他在信里说，从我发出信到收到您的回信不超过五分钟，我敢肯定您并没有阅读完我的自荐信，因为我的自荐信有很丰富的内容，所以恳请您认真阅读后再作出结论。最终他收到了那所大学的录取通知。导师说，因为我的学生这封再次发出的自荐信说明了他的与众不同。因为一般情况下，遭到拒绝的孩子大多数是非常沮丧和消沉的，都会改投别的学校，或者放弃申请国外大学。而我的学生却从老师发回拒绝信的时间上判断出事情可能还有逆转的机会，正是这一细心的判断，让导师欣赏他，录用了他。

案例 2

在高三的自主招生中，我的学生获得了清华大学 30 分的加分和复旦大学降分到一本线的资格。大家都认为他会选择清华，毕竟 30 分的加分是很有诱惑力的，而且一般人认为清华大学全国排名要比复旦大学靠前。但是，最终他却选择了复旦。后来我问他的母亲才了解到，他们一起做出去复旦的决定是基于下面的因素：复旦也是极好的大学，按他的平时成绩，只要报考就能稳上；而考清华，有这 30 加分也还有上不了的可能，此为其一；复旦在上海，可以锻炼孩子自立自理的能力，此为其二；进复旦是先上实验班，大二才选专业，而这个孩子当时并不知道自己最喜欢什么，此为其三；复旦的文科实力超过清华，而这个孩子的文科素养有点不够，去文科强的大学熏陶一下或许能提高人文素养。我觉得他们的这些考虑很理智，他们一起做的选择不是从众的选择，而是针对自己的情况做出的最优选择。

那么究竟如何培养独特的判断力呢？

（1）多读经典。在经典阅读中引导孩子独立思考。独立思考是独特判断力的基础。

（2）多做比较。在看小说和历史故事时，引导孩子在几种做法中比较，权衡利弊，然后作出自己独特的选择：如果是你，你会选择哪一种呢？为什么？

（3）在平常生活中让孩子自己多选择。小到三餐想吃什么，大到自己中考、高考的选科和报考志愿，一定要他说说每一种选择的理由和不选择的理由。著名科普作家吴军就非常注意对他的女儿的判断力的培养，他陪着孩子去国外考察学校，给孩子提供专业咨询的机构和专家，然后让孩子自己选择报考哪一所大学，学哪一个专业。如此坚持，孩子独特的判断力也许就可以早日养成。

教育箴言

张负既见之丧所，独视伟平。平亦以故后去。负随平至其家，家乃负郭穷巷，以弊席为门，然门外多有长者车辙。

翻译：张负在治丧的地方见到了陈平，唯独特别看重陈平，陈平也故意留到最后才离开。张负跟着陈平到他的家里，陈平的家在城外的陋巷中，用破席子做门，但是门外却有有地位的人车的印记。

提示：选择时应有独特的观察力，要能看到他人之所不见，然后能选他人之所不选。

5. 给孩子找好导师和内助

——从《晋世家》重耳流亡说起

  《史记·晋世家》记载，晋国国君宠爱骊姬，受宠的骊姬心生贪念，想害死原太子申生，立自己的儿子奚齐为太子。晋国公子夷吾、重耳等人都逃到了邻国。重耳43岁流亡，回国做国君时已62岁，流亡时间长达19年。流亡的岁月也是重耳成长的岁月，他的崛起离不开妻子的信任和帮助，离不开一直追随的导师团的激励和教导。

  内助团队成员有狄女、齐女、秦女；导师团队有五位贤者，尤其是赵衰、狐偃、司空季子三人功不可没，六个人给了重耳不同的帮助和激励。

  重耳首先逃到狄国，狄国攻打咎如，得到两个女俘虏，就把老大嫁给了公子重耳，老二嫁给了赵衰。《左传》中称这个女子为季隗。重耳和季隗一起生活了12年。重耳要离开狄去齐国，他对季隗说，"待我二十五年不来，乃嫁"。季隗笑着说："犁二十五年，吾冢上柏大矣。虽然，妾待子。"其中"犁"就是"离"的意思。意思是：你离开25年的话，我坟上的柏树都长大了。即使是这样，我也等你。从这段对话中可以看到他们伉俪情深，彼此不离，否则也不会一起相处12年，再等25年季隗也愿意。重耳登基成为晋文公后，狄国把季隗送到了文公那里。初看起来，季隗在重耳崛起中并无发挥什么作用。其实，她给重耳的是两样珍宝：一是她的乐观。丈夫一去很可能不再复返，成功了的话可能不回来；失败了，被人杀了也就回不来了。面对将来那悠长的独守空闺的寂寞和痛苦，她还能笑得出来，还能开玩笑，这是她给重耳的乐观的心态。二是她对重耳的信任。重耳的话其实是句大话，是指自己最迟25年会成功。而季隗的回答则是对重耳的毫无理由的信任和追随。要知道在春秋时期，还没有要求女子忠贞的概念、没有对他们三从四德的约束，就是因为她信赖并喜欢重耳，所以愿意一辈子追随并等待重耳。

如果说季隗给重耳的是乐观、痴情和信任。那么，下一个女子给重耳的就是走出安逸再次出发的雄心。

重耳到了齐国，得到齐桓公的礼遇，既给了他妻子还给了他20辆车。这个妻子是齐国宗族的女子，我们就叫她齐女吧。齐女有着特殊的霸气，实不愧是霸主的同宗。重耳在齐国过得特别舒服，甚至忘了自己给季隗的承诺，忘了自己出逃的目的，安逸的日子让他一点也不想走了。后来齐桓公去世，齐国大乱，齐孝公即位，这些仿佛和重耳都没关系，重耳沉浸在被齐女宠爱的安逸天地里。他的"死党"们——那些多年跟随的贤者心急如焚，于是想办法要掳走重耳。就在他们讨论策略时，被齐女的婢女听到并告诉了齐女，齐女杀死了婢女，规劝公子快快离开齐国。重耳曰："人生安乐，孰知其他！必死于此，不能去。"齐女曰："子一国公子，穷而来此，数士子以子为命。子不疾返国，报劳臣，而怀女德，窃为子羞之。且不求，何时得功？"大意是，重耳说，"人生就是为了安乐享受，谁还知道其他的目标？我愿意老死在齐国，不愿意离开齐国"。齐女劝他：您是晋国公子，没有出路才来到这里，几十位士人跟随您，和您相依为命，您不赶紧回国，报答犒劳这些臣子，却沉溺在女色中，我都为你感到羞愧。况且你不去寻找出路，什么时候才能建立伟大的功业呢？齐女的深明大义、高瞻远瞩并没有打动重耳。重耳继续在齐国吃喝玩乐。后来齐女和贤士们一起商量把重耳灌醉，然后用车子载着重耳离开了齐国。重耳醒来时发现自己在舅舅狐偃背上，大怒，恨不得要杀掉狐偃。狐偃说：如果杀了我能够成就您，这就是我最大的心愿。重耳恨得牙痒痒，说：如果我不成功，我要吃了你。

这个齐女确实很特别，她不愿意丈夫长期在齐国安逸享乐，同赵衰、狐偃一起把重耳掳走。她告诫重耳生于忧患，死于安乐（这时还没有孟子的这句话，而齐女就有了这样的认识）。齐女让重耳抛弃了低级的吃喝玩乐需求，重新树立了更高级的追求——回到晋国成为君主。这时齐桓公已经去世，帮重耳实现志向的途径就是去楚国、秦国，并获得支持。

此时，秦国也很需要重耳。秦晋是联姻关系，重耳的异母姐姐嫁给秦穆公，重耳的异母弟弟夷吾靠秦国的支持回国成为晋惠公，但晋惠公很快杀死亲秦的大臣里克，也不兑现当初许诺秦国的条件，拒绝秦国因灾购粮的请求，导致秦晋开战。晋国大败，夷吾被俘，姐姐秦穆姬以死哭求，夷吾才被释放回国，送太子圉到秦当人质。秦穆公把自己的女儿怀嬴嫁给了太子圉（即晋怀公），后来太子圉听说父亲病重，为了即位就又偷偷跑回晋国。秦穆公非常生气，听说重耳在楚，于是召重耳入秦。

秦穆公将宗族五个女子嫁给重耳，其中一个是怀嬴。而怀嬴曾嫁给太子圉为妻，应算是重耳的侄媳。这次，重耳脸上挂不住了，不愿娶自己的侄媳。随从大夫司空季子劝道："其国且伐，况其故妻乎！且受以结秦亲而求入，子乃拘小礼，忘大丑乎！"意思是说，他的国家您都要攻打，何况他以前的妻子呢！而且您是为了和秦国结为亲戚才请求入秦的，现在却拘于小节，难道您忘了自己的大耻吗？重耳一听，恍然大悟，就顺水推舟答应了这门婚事。不久，重耳借助秦国军队赶走了侄儿晋怀公，在62岁时即位为晋国国君，史称晋文公。

这个秦女言辞不多，只在送怀公回国时可以看出她非常理性。公子圉逃离秦国时，跟秦女商量一起逃走，秦女说：您是一国的太子，在此受辱，秦国对您像婢女一样。您逃走吧，我不会跟您走，也不敢把您逃走的消息告诉别人。对于重耳来说，和怀嬴的婚姻，就是一次政治联姻，秦女给重耳的不是夫妻的情分，而是两国君主联合的纽带，是重耳回国称王的实力。

狄女季隗让重耳树立了对自己的信心；齐女齐姜让重耳在安乐中继续保持英雄的壮志；秦女怀嬴让重耳有了秦国的实力和武装的帮助。狄女用自己的痴情和等待塑造了一个男子汉；齐女用自己的理性和果敢唤起了耽于安乐的重耳的英雄气概；秦女则用自己父亲的实力帮助重耳实现了君主的梦想。前面两个妻子确立了精神的王，第三个妻子确立了真正的王。

说完了女子导师团，再说男子导师团。

男子导师团里主要成员是狐偃、赵衰、司空季子、介子推等。这个团队19年的追随、不离不弃是对重耳的最大支持。狐偃是重耳的舅舅，是长辈，除了对重耳的忠诚外，还有长辈对晚辈的指导和约束，这是狐偃和别的臣子不一样的地方。比如在齐国时，要不是齐女把重耳灌醉，狐偃把重耳背上车载走，重耳只不过是一个纨绔子弟。正是有了这位舅舅大臣，才能在外甥淘气不懂事时给他以指点，所以重耳获得天下后这样评价这位舅舅："导我以仁义，防我以德惠，此受上赏。"意思是说：他用仁义引导我，用德行和智慧防范我的过失。

司空季子即胥臣，他在重耳流亡中立下的最大功劳是劝重耳接受自己的侄媳妇做自己的夫人，他教给重耳的是权变的精神。

赵衰饱有学识，精通礼仪外交。在经过卫国时，重耳肚子饿了，于是跟一个农民求食物吃，农民给重耳一团土块，重耳怒了，这时赵衰赶紧跪下说：赐予您土块，就意味着您即将拥有土地，这是好兆头，请您赶紧收下吧。重耳转怒为喜。在拜会秦穆公时，赵衰唱《诗经》中《黍苗》这首诗。为什么歌《黍苗》呢？因为《黍苗》讲的是商朝的士大夫看到原来是都城的地方长满了茂盛的黍苗。这是在告诉秦穆公：您什么时候帮我们回国啊，国政都荒芜了。一听这首诗，秦穆公立即就明白了，"知子欲急返国矣"。赵衰和重耳"下"了台阶，再拜曰："孤臣之仰君，如百谷之望时雨。"请注意"下"和"臣"二字，赵衰和重耳"下"一级台阶，表示自己的地位低于秦穆公，称自己是"臣"，尊秦穆公为君，其实秦穆公的地位低于重耳，但此时这样的知礼对于获得秦穆公的帮助尤为重要。而正是有这样精通外交礼仪的大臣，才有了重耳的成功。重耳即位后他称"辅我以行，卒以成立"，所以赵衰也是应该受上赏的人。

正是这个导师团，导重耳以仁义，辅重耳以德惠，教重耳以礼仪，成就了重耳的霸主之志。

教育启示

（1）一个英雄的成长需要导师的指导提醒，需要支持者的信任，更需要不断地突破自我局限，进行自我完善。英雄的成长需要一个贤能的妻子，她可以给丈夫毫无理由的痴情和无怨无悔的等待，给丈夫以理性和果敢，让丈夫在安乐中重新找回雄心；也可能需要一位母亲，一位一直支持、信任孩子的母亲，时时鼓励孩子；当然也需要一些优秀朋友和耳提面命的长者，朋友的信任和追随，长者的匡正和导引。即使提供不了智力和财物上的支持，只做英雄的绝对的崇拜者和信赖者也是不错的选择，像狄女季隗一样信任等待重耳 25 年，这本身也是一种莫大的支持。

（2）人难免会耽于安乐，关键时候需要有人把你从安乐窝里推出来接受风雨的洗礼。灌醉重耳、把重耳赶出安乐窝的齐女做得很好，这份胆识绝不在男子之下。重耳的舅舅狐偃也是如此。他冒着被杀的风险，硬是把沉溺享乐的外甥背出了齐国，这样的内助和导师实在是太必要了。现在的家长把孩子庇护得太好，没有人把孩子从安乐窝里赶出来，以至于他们没有对抗风雨的能力，一遇到挫折就不知所措。在当下，家长不能只当庇护伞，更要当导师，更要狠得下心把孩子赶出安乐窝、避风港，让孩子学会真正成长。

自助银行

英国教育家洛克说："只有把孩子的幸福建立在德行和良好的品质上，才是唯一可靠和保险的办法。"人难免有惰性和贪婪的一面，人成长的过程就是战胜惰性和贪婪的过程，也是获得良好德行和品质的过程，人非生而知之者，所以需要有良师益友来帮助他（她）。正如《论语》所讲："以友辅仁"。这样的良师益友可以是父母、老师、朋友和终身伴侣。

案例 1

英国教育家洛克说："我们每一个人，尤其是儿童，都喜欢模仿别人。你不愿意他效仿的事情，自己绝不可以在他面前做。"这就是导师的示范作用。父母是孩子的第一任导师。有位家长很痛苦地跟我诉苦说，怎么也戒不掉孩子的手机瘾，每天家里因为手机而生气吵架，每次吵完还是无济于事。有一天，父亲气得甚至拿凳子砸孩子。我问道："您平时下班后干什么？"他说没事刷刷微信、抖音。可是自己不用考大学了呀。我说："从明天起，您尝试着把家人的手机都放到客厅的个盒子里，大家都不看，都在屋里读书学习，看矛盾会不会少一点。"后来家长说，刚开始真难，感觉手里少了点什么，总想去偷偷看手机，可是一想到自己是父亲，不能让孩子笑话，又忍住了。这时父亲也真正理解了孩子为什么难以戒手机瘾了，其实父亲自己就是手机瘾患者。这位父亲还和孩子交流这种心理，慢慢地孩子也习惯了这一约定。亲子互相尊重，父母身体力行，以身作则，解决了家庭危机。我知道有朋友为了让孩子没有电视瘾，在有孩子后就把电视机淘汰了，天天晚上全家看书学习，孩子很早就养成了爱读书的习惯。克制不当的欲望，勇于走出舒适区，是每一个人的必修课，父母和孩子需要一起成长，父母更需要成为孩子的导师和榜样。

案例 2

台湾导演李安，在获得奥斯卡最佳导演奖后的致辞中特别感谢了妻子林惠嘉，并大声表白"我爱你"。李安的成功离不开妻子的大力支持和充分信任。获奖之前李安也曾在好莱坞受挫，甚至在家中蛰伏六七年做"家庭主夫"，家中生计全靠在伊利诺大学攻读生物学博士的妻子。李安在家里包揽了所有家务，买菜、做饭、带两个孩子，但他不忍心妻子那么辛苦，为了轻妻子的养家负担，他偷偷去改学计算机。还是妻子提醒他：不要忘了自己的梦想，学计算机的人很多，不少你李安一个。蛰伏家中的日子让李安彻底沉静下来学习电影，思考人生。而妻子的信任和支持，更是促成了一代名导的诞生。李安成为首位两次获奥斯卡最佳导演奖的导演，小行星 64291 以李安的名字命名。他的电影《饮食男女》《断背山》和《少年派的奇幻漂流》等成了电影史上的经典。所以，爱人有梦想，要支持；孩子有追求，要保护。要相信，生命的光彩就在那执着的坚持中和无怨无悔的信任中！

教育箴言

子一国公子，穷而来此，数士者以子为命。子不疾反国，报劳臣，而怀女德，窃为子羞之。且不求，何时得功？

翻译：

您是晋国公子，没有出路才来到这里，几十位士人跟随您，和您相依为命，您不赶紧回国，报答犒劳这些臣子，却沉溺在女色中，我都为您感到羞愧。况且您不去寻求出路，什么时候才能建立伟大的功业呢？

提示：人不能耽于享乐，纵使像重耳这样的世家子弟也要发奋图强，追求成功，而我辈平凡草根就更须努力了。

第二辑　其志宜远，其怀宜广

家长要培养孩子高远的志向，宽广的胸襟。

心中有远方，心中有他人。

1. 提供安全港湾，期待孩子自觉发奋
——读《苏秦列传》

　　《苏秦列传》是一篇值得一读的文章，因为太史公要为一位发奋图强、敢于以弱抑强秦者正名。苏秦在秦汉之时的名声估计不太好，因为太史公说过："而苏秦被反间以死，天下共笑之，讳学其术。"但太史公又在《太史公自序》中说："天下患衡秦毋厌，而苏子能存诸侯，约纵以抑贪强，作《苏秦列传第九》。"天下痛恨秦国贪婪不知满足，而苏秦能够让诸侯共存，合纵来抗击贪婪强大的秦国。可见，苏秦还是很有成就的。

　　苏秦原来是东周洛阳的一介布衣，鬼谷子的学生，在外游学多年，穷困潦倒回到家里。他的兄弟嫂子妹妹妻妾都偷偷笑话他："你不学咱们洛阳人好好务正业，不愿去做生意，争那点十分之二的利润，却要去耍嘴皮子游说别人，现在什么也没做成，这不是活该吗？"苏秦自觉失败没有成就也不好为自己辩解，但是暗下决心：我已经埋头读书这么多年，如果不能从书中获得尊贵和荣耀，还读那么多书干什么呢？他找到一本《阴符》，潜心苦读了整整一年，觉得已经揣摩透了，可凭借这身本事去游说当代君主，于是就离开了家。

　　游说的第一站是东周，其实这是个很糟糕的选择，当时的东周已经没有诸侯国去朝贡，自身难保。但是，即使是这样，周显王依然瞧不上苏秦，因为洛阳就那么大，苏秦的事情周显王都知道，故既轻视他又不相信他。

　　第二站是秦国。苏秦以为秦国会重用自己，可不幸的是那个特别爱用外国人才的秦孝公已经去世，秦惠文王登基，这个国君刚刚杀了商鞅，对外国人才比较反感，尤其讨厌耍嘴皮子的辩士。无论苏秦怎么游说，秦惠文王都

第二辑　其志宜远，其怀宜广

没有兴趣，并说自己如同一只小鸟，毛羽还没长成，不可以飞得很高；秦国法令还不是很明确，还不能向外扩张。苏秦只好狼狈地离开。

第三站是赵国。苏秦的秦国之败让他明白该去秦国的对手——六国去游说，于是他来到了赵国。赵国相国不喜欢苏秦，还没听苏秦开口就打发他走。苏秦越受挫越坚定，也越明白了下一步该怎么走。

第四站他来到了燕国。燕国国君没有立即接见苏秦，苏秦就在燕国仔细研究天下形势，制订游说的策略。等到燕文侯终于接见苏秦时，他已经胸有成竹，不再急于求成。他从容不迫，开口先夸燕国的地理优势：面积广阔，物资富饶，军队战斗力强，此所谓天府之国也。燕文侯听后很高兴，不知不觉就中了圈套。

苏秦说，如果不打仗，没有比燕国更安乐的地方了。接着一转说，您知道燕国为什么没有什么战争吗？那是赵国在前面帮忙挡着。秦国攻打燕国，是在千里之外打仗；赵国攻打燕国，则是在百里之外打仗。您现在怎么能不忧百里外的敌人却忧虑千里外的敌人呢？他希望燕国能和赵国合纵，那么燕国就没有忧患了。

这个策略有点意思，苏秦明明已经在赵国受挫，却还游说燕国和赵国合纵，赵国怎么可能答应呢？其实，苏秦在游说中已经慢慢成熟，他看到了赵国相国的傲慢，那是大国的傲慢，在六国中除了齐、楚，数赵国实力最强，赵国和秦国打仗时，赵国曾五战三胜。所以，赵国当然不想主动去联合别的小国，但是如果是别人来求赵国那就不一样了。所以，苏秦全力游说燕国，先夸奖，再威胁，最后提出解决方案：和六国中的强国——赵国合纵。燕文侯答应了，并"请以国从"，给了很多车马、金银、丝帛让苏秦出使赵国。

游说的第四站打开了一个缺口，后面就好办多了，之前苏秦是空说无凭，如今有燕国在后面撑腰，以燕国使者的身份游说赵国就顺利多了。苏秦基本上已经建立了自己的游说模板：夸奖、威胁、激将、提出解决办法——合纵。游说赵国时是希望赵国能够和别国联合起来抗衡秦国，他认为"六国纵亲以宾秦，则秦甲必不敢出于函谷关以害山东矣"。如果六国联合起来抗击秦国，那么秦国军队就不敢从函谷关出来到崤山以东来危害百姓了。

第五站顺利游说相当成功。到韩国时，苏秦甚至说韩王割地赂秦，像臣子一样侍奉秦国，就和做牛的肛门一样没有区别。"何异于牛后乎？""牛后"

就是"牛的肛门"。"夫以大王之贤，挟强韩之兵，而有'牛后'之名，臣窃为大王羞之。"意思是："您这么贤明，拥有着韩国强大的军队，却被视为秦国这头牛的肛门，我都为您感到羞愧。"韩王勃然大怒，撸起袖子瞪大眼睛，手握宝剑仰天叹息："虽然我不怎么贤明，但我也一定不能像臣子一样侍奉秦国。现在我答应把韩国交给您，跟着其他几个国家一起合纵抗秦。"苏秦的策略越来越灵活，相继打动了魏国、齐国、楚国，最后六国合纵，苏秦为纵约长，并当了六个国家的相国。

苏秦看准了战国时代对谋士的需要，也明白刻苦读书、研究时事才能参透天下、获得荣华富贵的道理。他不断碰壁，又不断调整，不断努力，终于找到了自己的游说策略，取得了成功。

有一节"前倨后恭"的故事，太史公写得特别生动。这和前面的穷困潦倒、被兄嫂妻妾笑话形成对比，写尽了世态炎凉。原文如下：

> 北报赵王，乃行过洛阳，车骑辎重，诸侯各发使送之甚众，疑于王者。周显王闻之恐惧，除道，使人郊劳。苏秦之昆弟妻嫂侧目不敢仰视，俯伏侍取食。苏秦笑谓其嫂曰："何前倨而后恭也？"嫂委蛇蒲服，以面掩地而谢曰："见季子位高金多也。"苏秦喟然叹曰："此一人之身，富贵则亲戚畏惧之，贫贱则轻易之，况众人乎！且使我有洛阳负郭田二顷，吾岂能佩六国相印乎！"于是散千金以赐宗族朋友。初，苏秦之燕，贷人百钱为资，乃得富贵，以百金偿之。遍报诸所尝见德者。

之前苏秦游学受挫而归时，家人都说是活该。游说周显王时，周显王瞧不起他，不相信他。当苏秦这个洛阳的平民居然挂六国相印回来（除了七国国君，就数他地位最高了），周显王听了害怕，赶紧打扫道路，派人在路上问候犒劳。苏秦的嫂子不敢正眼瞧苏秦，苏秦笑着对嫂子说："嫂子，你为什么前面对我态度那么傲慢，现在态度这么恭敬呢？"嫂子趴着，把脸贴在地上，卑微地道歉说："看见小叔子你地位高又有钱啊！"苏秦感叹说："同样一个人，富有高贵时亲人朋友就害怕你，贫穷低贱时他们就轻视你、瞧不起你。"然后将千金赐予亲族好友，并用来报答那些所有曾经对自己有恩德的人。

苏秦由一介布衣到六国合纵长，获得了让他人艳羡的尊荣和自己想要的功名。更重要的是，秦兵不敢窥探函谷关 15 年。不用说攻打了，连偷窥一下都不敢，这当然是太史公的夸张，但也让人觉得痛快淋漓！

后来苏秦在齐国为燕国做间谍，回到燕国又被燕王怀疑，不再被重用，他为自己申诉委屈，最后又官复原职。苏秦和燕国国君的母亲私通，害怕燕王知晓，便假装被燕国驱逐，去齐国为燕国做间谍，结果被与他争宠的齐国人刺杀，苏秦受必死之重伤，齐王派人搜寻刺客未果。苏秦临死之前叮嘱齐王，让齐王说是因为苏秦为燕国在齐国作乱，所以要在市场将苏秦车裂，这样说一定可以抓到刺客。齐王依计而行，果真抓住了刺客。临死之时还用生命和计谋为自己报了仇，这就是苏秦。

苏秦一介书生，在那个国家争霸、战火频仍的时代里，凭借智慧谋略，通过埋头钻研纵横家的辩术，改变了自己的命运。的确，苏秦显示了非凡的领导力，联合六国，延缓了秦国统一天下的进程，维护了弱国的利益，改变了很多国家的命运。"夫苏秦起闾阎，连六国从亲，此其智有过人者。"历史上理应为他大书一笔。太史公记录苏秦其人，激励那些身居卑微的普通人应抓住机会，积极创造条件，运用智慧，自立于社会。同时也警示人们：有了才，还需才德兼修，否则如果不修德行，本领越高，越有可能臭名昭著。

教育启示

（1）发奋读书可改变命运。苏秦本来是洛阳的一介平民，世代以贩卖为业，可是他不愿意这样生活，想出去跟老师学习，通过努力改变命运。正是因为这种理想，苏秦才能在铩羽而归、狼狈不堪、家人都不理睬的情况下，依然苦读《阴符》，挂六国相印，获得成功。一个爱读书的人，就会时时思考书中的智慧，处处运用书中的智慧，就能把别人写的《阴符》变成苏秦版的《阴符》。"阴符"其实就是潜藏着某些智慧密码的书，唯有爱书之人、爱思考之人才能得到打开这扇神秘的成功大门的钥匙。

（2）大丈夫应该"得时不怠"，抓住机遇，自觉发奋。每个时代都有机会，要善于抓住机会，不懈怠，不错失良机。苏秦就是抓住了时机。苏秦所处的战国，各国诸侯都面临着成就自己、吞并他国的局面，都发出了急切地抢夺并重用人才的信号。苏秦放弃了祖传的小贩生活，抓住时机，成为一位辩士，并且毫不懈怠，取得了人生的成就。如今，处盛世之中国，更需要这样能自食其力、能做出成就的人才。一个时代有一个时代的优势和机会，优秀的人则会抓住机遇，取得成功。

自助银行

苏秦的崛起离不开战国那个特殊的时代，七国争雄，亟须各种人才。正是在这样的时代里，苏秦学习了纵横之术，研究当时的局势，适时地调整了游说的国君和策略，受挫不馁，化挫折为动力，终于获得了成功。现在正是国家大力发展的最好时机，一方面我们国家为人才成长提供了良好的平台，另一方面国家的发展呼唤更多的创新和发明。我们要教育孩子抓住盛世之良机，发展自我，开拓创新，造福国家和人类。

案例1

施一公是河南驻马店人，中国科学院院士，美国国家科学院外籍院士，世界著名的生命科学家，清华大学前副校长，西湖大学现任校长。他在给清华学生的演讲中谈道："这是一个令人热血沸腾的年代，也是一个容易让人迷失的时代。作为一个人，实现个人价值理应成为每一个人的追求，这就是我讲的'小我'；请不要忘记，作为清华人，你应该还有一个'大我'的追求，那就是实现民族复兴的中国梦。不论你选择了什么样的发展道路，我希望大家都追求卓越、无愧于清华赋予你们的机会，力争做本行业、本领域的领军人物；将实现个人价值与承担社会责任有机结合起来；将个人的命运与国家民族的复兴有机结合起来，实现'小我'与'大我'的完美统一！"正是为了顺应国家需要行业领军人物，需要将个人命运和国家民族复兴结合的人才这一潮流，施一公拒绝了美国霍华德休斯医学中心的高薪聘请，回国工作，带领团队在生物分子结构研究方面取得了巨大成就。看到中国一流人才欠缺的现状，他又毅然承担了西湖大学校长一职，希望为国家培养出超一流的学术人才。这个时代呼唤一流人才，青年人要抓住时代的机遇，有所作为。

案例2

清华大学物理化学专业博士，中科院院士，清华大学校长邱勇，家在四川荣县农村，小时候常常干农活，后来他发奋图强，以荣县理科第一名的成绩考上了清华大学，改变了自己的命运。清华毕业后留校任教，在一段时间里他很困惑自己究竟要研究什么。1996年他接触到了OLED（有机发光材料显示技术），这是一个全新的方向，有机发光显示技术是当时国际上的一个前沿高端技术，各国投入大量资金开展学术和产业技术的研究，许多人意识到这可能是继液晶显示之后的一个新的方向。OLED涉及多个学科，既有大量的基础研究，又要面对很多应用研究的问题。但邱勇毅然决定把错综复杂、艰苦无比的OLED作为自己的研究方向。当时年仅32岁的邱勇还只是一名讲师，手下只有一名本科生，实验室只有一台花了2000元买来的即将被淘汰的设备。但他"希望开发出具有中国人自主知识产权的核心技术并实现产业化，改变中国显示产业从CRT（阴极射线管显示）时代到LCD（液晶显示）时代一直受制于人的状况"。每天，邱勇都和学生泡在不足20平方米的实验室里，一呆就是十几个小时，凭借着扎实的专业基础和不顾一切的拼劲，他带着学生一路走来，终于走出了一条科研和产业化相结合的道路，如今，他们开发的产品广泛应用于航天国防、消费电子、工控仪表、医疗器械、网络通讯和金融安全等领域，并远销欧洲、日本、韩国等海外市场。邱勇教授通过自己的奋力拼搏，抓住了时代发展OLED的良机，做出了引人注目的成就，既改变了自己的命运，又走出了一条成就产业、成就国家的光荣之路。

教育箴言

且使我有洛阳负郭田二顷，吾岂能佩六国相印乎！

翻译：况且如果我拥有洛阳郊区旁边的二百亩良田，我怎么还能佩带六国相印呢？

提示：因为没有才要去奋斗，无中可生有；因为只满足于拥有或不珍惜拥有就停止不前，有会趋向无。

2. 不做无谓的牺牲，彰显生命的价值
—— 读《伍子胥列传》

如果换一个名字，《伍子胥列传》可以叫《战国复仇录》，为什么这么讲呢？因为文中写了伍子胥报平王杀父亲伍奢之仇，白公胜报子西间接杀父之仇，郏公弟弟报平王杀父之仇，夫差报越王杀父之仇，以及申包胥为复楚国而报伍子胥灭楚之仇。

伍子胥的父亲伍奢是楚国太子建的太傅，楚平王让费无忌到秦国去给太子娶秦女，费无忌看秦女漂亮，便报告平王，平王最后夺了原本要嫁给太子的秦女。费无忌害怕太子以后怪罪自己，于是加害太子和太子太傅，太子逃走，太傅伍奢被抓。为了斩草除根，楚王就逼迫伍奢把自己的两个儿子叫来，想要一起杀掉。楚王骗伍尚兄弟说，如果他俩过来，就放了他们的父亲。伍尚愿意跟从父亲，就算被杀也要这么做，因为他为人仁爱，从不忤逆父亲。而伍子胥则不愿意这么死，他看穿了楚王的用心，说："楚王召我们兄弟过去，并不是要放父亲一条活路，而是害怕我们日后作乱，所以拿父亲当人质，诓骗我们过去。等我们一到，将我们父子三人一起杀死。那样死又有什么用呢？如果去了被楚王杀了，就没人替父亲报仇了。不如我们一起逃到别的国家，借他人之力来报楚王杀父之仇。而和父亲一起死，一点用都没有。"哥哥伍尚不同意逃走，最后和伍奢一起被楚王杀害，伍子胥则开始了逃亡的生涯。他很清楚自己的使命，借他国之力来报父仇。知子莫若父，伍奢临死的时候说："楚国君臣将要吃战争之苦了。"

伍子胥历经诸多艰辛，流亡多年，来到吴国，帮助阖闾夺得王位，又带领吴国军队攻进郢都，找到平王的墓，鞭尸三百，报了平王杀父兄之仇。申

包胥和伍子胥是好朋友，伍子胥逃跑时对申包胥说："我一定要灭了楚国。"申包胥说："我一定要保全楚国。"伍子胥真的做到了，申包胥也做到了。申包胥在伍子胥攻进楚国时逃到山中，然后想方设法跑到秦国，在秦国朝堂哭了七天七夜，感动了秦王，秦哀公怜惜申包胥，说楚王虽然无道，却有申包胥这样忠诚的臣子，这样的国家怎能不保全呢？于是派出军队帮助楚国打败了吴国。

伍子胥带领吴国军队攻进楚国都城，楚昭王只好逃到云梦，盗贼攻打昭王，昭王逃到了楚国的附属国郧，郧公的弟弟怀说："平王杀死了我们的父亲，我们杀死他的儿子，不是很合理吗？"郧公怕弟弟杀了昭王，于是带领昭王逃到了随国。后吴国军队包围随国，说："你们的同姓，当初周朝的子孙，被封在楚地的，基本都被楚消灭了，你们为什么还保护楚王？"随人想要杀死昭王。昭王的哥哥打算冒充楚王，替楚王去死。而随地的百姓占卜发现把楚昭王交给吴国士兵不吉利，于是作罢。

在吴王阖闾去世后，伍子胥辅佐吴王夫差，夫差听信宠臣伯嚭的谗言，疏远他，并且赐给他镂金剑命令其自杀，他临死前让人把自己的眼睛挖下来悬挂在吴国城门上，发誓说他要亲眼看着越国是如何灭掉吴国的。夫差一听非常生气，便把他的尸体扔到江里喂鱼，人们怜惜他，将其尸体捞上来，建立祠堂纪念他。

白公胜是楚国太子建的儿子，他有个仆人叫石乞。太子建为郑国人所杀，白公胜想要楚王攻打郑国为父亲报仇，楚国令尹（相当于丞相）子西带兵攻打郑国，却和郑国结盟而回。白公胜很生气，于是筹划和石乞在朝廷上行刺子西。石乞觉得还是应该杀楚王，于是又到楚国的别宫去行刺楚王，楚王为石乞的手下所救。叶公听说白公作乱，率领国人来攻打白公平息叛乱，白公自杀，石乞被逮捕，楚王问白公的尸体在哪里，并威胁说："你不说的话，就把你烹了。"石乞说："事情如果成功了，我就是他的卿相；事情没有成功，我被烹掉，这是我本来的职责。"石乞始终不说白公胜的尸体在哪里，就被楚王烹杀了。石乞忠于主人，威武不能屈，不愿卖主求荣，乃大丈夫也，所以太史公要特别给他留下一笔。

这里写到了很多人的复仇和很多人的死，境界虽有不同，但共性有一条：都是血性男儿。什么是血性呢？就是或有忠义赤诚的性格，或有刚强好义的个性，生命力旺盛，个性明显，碰到事情能勇往直前。伍尚愿听父亲的召唤而死，伍子胥要为复仇而逃命，石乞为完成使命甘愿受死，申包胥愿为保全楚国而死，楚昭王的哥哥愿意替昭王去死，等等，读来无不令人动容。所以，此篇是一曲血性的赞歌。

教育启示

（1）人的生命是有价值的，不要做无谓的牺牲。伍子胥、白公胜、郧公、夫差、申包胥还有白公胜的随从石乞，他们都做了不同程度的抗争，且都做出了一定的成就，他们的生命都有价值。伍子胥和兄长伍尚对待死的态度不同，作者对二人的态度也不一样。太史公肯定了伍子胥忍辱含垢活下来创造更大价值的意义，不赞同像他哥哥武尚那样顺从地被楚王杀害。太史公认为生命不能随便放弃，应当创造价值。"向令伍子胥从奢俱死，何异蝼蚁？弃小义，雪大耻，名垂于后世。"这就是男子汉的血性，面对屈辱，敢于反抗，不接受命运的无理安排。按现在的法律来说，生命权神圣不可侵犯，他人无法剥夺，自己也不能轻易放弃。生命诚可贵，不能随便抛，死有轻于鸿毛，有重于泰山，太史公主张有价值之死，重于泰山之死。为了那重于泰山的价值，有时需要苟活于世，如伍子胥的逃亡，如太史公的遭受宫刑等。弃小义，雪大耻，成大志，此大丈夫之为也。伍子胥、韩信、张良都是这方面的榜样！有时亦需要舍生取义，侯嬴、屈原就是榜样！

（2）人生有境界之别。伍子胥的复仇是"以直报怨"，用公正去回报怨恨，此为复仇的第一境界。楚王杀了伍子胥的父兄，有错于先，伍子胥的复仇是追求公平，楚王是罪有应得。但是，楚王毕竟是君主，伍子胥鞭尸三百这种行为有些过分，被司马迁说成是"倒行逆施"。白公胜报子西间接杀父之仇、夫差报越王杀父之仇也属"以直报怨"型，拥有这种境界的人其实也属于冯友兰先生说的人生四境界中的功利的境界。复仇的第二境界：以德报怨。如郧公的复仇超越了个人的恩怨，顾全大局，郧公怕弟弟杀了昭王，于是带领昭王逃到了随。此番行为提升了自己的境界，可以说他的复仇是"以德报怨"，属于人生的"道德境界"。随地的百姓也非常质朴，不被吴国人蛊惑，难能可贵。而复仇的最高境界是申包胥的境界，对国家的忠义消弭了对朋友的怨恨。申包胥为了实践诺言，在秦国哭了七天七夜，感动了秦王，请来了救兵，保全了楚国，他对鞭尸灭国的伍子胥也没有什么怨言。所以在文中，太史公把道德的高峰给了申包胥，这是冯友兰先生讲的"天地境界"，申包胥这样做并无自己的私利，只是因为自己是楚国的大臣，只因自己许诺要保全楚国。伍子胥的"忍小耻成大业"有价值，申包胥身为楚臣，危难之际能舍身救国，更是至忠至善。人不仅要珍惜生命，还要珍惜自己的祖国和民族的荣耀。

自助银行

生命是有价值的，不能做无谓的牺牲。人生不如意事十之八九。人生旅途中碰到一些挫折是难免的，逆境时，要忍受磨难，坚持初心，在隐忍中等待机会，在隐忍中积聚力量，以待厚积薄发。

案例 1

季羡林先生曾有过艰难的十年，他做单位的门卫，要每天给人送报纸，负责收发信件，注意单位的各种来人并作登记，事情很杂，没时间做学术研究。但他也没有怨言，每天过得很惬意。当时他发现印度的梵文史诗《罗摩衍那》还没有中文译本，于是请人买来了原著，因为没有整块时间，他就每天抄一张小纸条，一行行翻译，用中国民歌体，每天一点点把这部史诗翻译了出来。他在自传中说："时间经过了十年，我听过三千多次晨鸡的鸣声，把眼睛熬红过无数次，经过了多次心情的波动，终于把这书译完了。"如果当时他在失去研究学问的权力时就轻生了事，那就没有这部九万行、五千多页的皇皇巨著的出现了。因为这部作品，季先生被评为"印度文学院的名誉院士"，此书也获得"第一届国家图书奖"。有时等待很久，只是为了爆发得更为有力。就如同蝉一样，多年的地下蛰居，是为了到达地面之后的放声歌唱。也正如中国20世纪80年代的朦胧派诗歌，经历了十年的蛰伏，谱出来的首首是经典。

案例2

德川家康，日本战国时期著名的政治家，他大器晚成，主要靠的就是隐忍。他曾经说过："人生是一场负重之旅，急躁不得。"教育孩子也是急躁不得，让孩子慢慢地积蓄力量，厚积而薄发。《韩非子·喻老》中有个故事：楚庄王当政三年，没有出台好的政策，也不理政事。大臣隐喻地劝说，南方有只鸟，三年不长翅膀，不飞也不叫，默默无声，这是什么鸟？楚王很聪明，听出了其中意思，说，这只鸟不长翅膀，是正在长；它不飞不鸣，只是在留心观察，等待机会。您放心吧，虽然它现在没有飞，一飞起来会冲天；虽然它不鸣叫，一叫起来会让人吃惊。楚庄王后来果然成了一个有成就的君主。

教育箴言

故隐忍就功名，非烈丈夫孰能至此哉？

翻译：隐忍发愤终于成就功名，要不是坚强刚烈的大丈夫，谁能做到这样呢？

提示：身处逆境，不能放弃，要隐辱含垢，成就功名。

3. 既要创新，也不忘古训

——读《秦始皇本纪》

作为中国第一个一统天下的皇帝——秦始皇，他是一个极为矛盾的个体：他身上既有太史公赞叹的功绩，又有世人叹息的不足。细读《秦始皇本纪》，我发现始皇是集"至智和至愚"于一身的人——身为秦王时的智慧卓越和身为始皇时的糊涂迷信，很难想象会出现在同一个人身上，而事实又确实如此。

秦王智在何处？

秦王智，智在剪除嫪毐，亲掌大权。

秦始皇 13 岁登基时，大权掌握在大臣手里，"王年少，初即位，委国事大臣"。22 岁行冠礼掌控秦国，第一件大事就是解决嫪毐。嫪毐是吕不韦献给秦王母亲的男宠，假做宦官进宫，被封为长信侯，"宫室车马衣服苑囿驰猎恣毐，事无大小皆决于毐"。宫室车马、衣服苑囿都是秦王才有权使用的，嫪毐不仅占有了秦王的母亲，让年轻的秦王受辱，而且还想夺取秦王的权力，秦王内心的憎恨可想而知，但是因为年幼，还没有掌权，只好忍耐。等到"王冠，带剑"，"长信侯作乱而觉"嫪毐怕秦王惩罚自己，狗急跳墙，假秦王和太后的名义带领士兵攻打蕲年宫意图谋反。秦王刚刚正式掌权，就遇上嫪毐造反，这是多么棘手的事情啊。可是，你看秦王又是如何处置的：

> 王知之，令相国、昌平君、昌文君发卒攻毐。战咸阳，斩首数百，皆拜爵，及宦者皆在战中，亦拜爵一级。毐等败走。即令国中：有生得毐，赐钱百万；杀之，五十万，尽得毐等。卫尉竭、内史肆、佐弋竭、中大夫令齐

等二十人皆枭首。车裂以徇，灭其宗。及其舍人，轻者为鬼薪。及夺爵迁蜀四千余家，家房陵。是月寒冻，有死者。杨端和攻衍氏。彗星见西方，又见北方，从斗以南八十日。十年，相国吕不韦坐嫪毐免。桓齮（yǐ）为将军。齐、赵来置酒。齐人茅焦说秦王曰："秦方以天下为事，而大王有迁母太后之名，恐诸侯闻之，由此倍秦也。"秦王乃迎太后于雍而入咸阳，复居甘泉宫。

从这段文字可以看出，这哪里像是一个刚掌权就碰上大臣造反、手足无措的年轻人所为？哪里又是仓促之间的应急策略？分明是心里已经思考和策划了很久，胸有成竹。谁去攻打，嫪毐逃走后如何用悬赏的方式把他杀死或活捉，怎么肃清嫪毐的同党，这些问题他早已深思熟虑，就等着嫪毐狗急跳墙的这天。再仔细看前文的"宫室车马衣服苑囿驰猎恣毐，事无大小皆决于毐"，简直就是故意纵容嫪毐犯事，小小年纪的秦王已经想到了几年以后的事情，后来他杀死嫪毐，还生气地把母亲赵太后迁到远离都城的雍县软禁起来。再后来，他听从了大臣的建议，"迎太后于雍而入咸阳，复居甘泉寺"。其实，他心里很恨母亲，但是为了统一天下的大业只好忍耐。

其实解决嫪毐并不是秦王的真正目的，他的真正目的是除去相国吕不韦。吕不韦是嬴政的大恩人，当初吕不韦扶持秦国在赵国的质子子楚回到秦国做太子，又把自己的爱姬送给子楚，这子楚就是嬴政的父亲，赵姬就是嬴政的母亲，在嬴政当上秦王后，吕不韦被封为相国，封十万户，号曰文信侯，可谓位极人臣。吕不韦为人小心谨慎，很难寻到他的不是，于是秦王另外找突破点。因为嫪毐是吕不韦推荐的，剪除嫪毐，吕不韦自然就会被牵连；而且秦王不是立马废掉吕不韦，而是在杀掉嫪毐一年后，先是免相国官位，让吕不韦回到洛阳封地，后改为流放蜀地。吕不韦害怕秦王会有更严厉的惩罚，于是饮鸩自杀。由此可见，秦王虽年轻，但是非常有心机，为人刻毒寡恩，就算吕不韦有恩于秦，他也不能放过。

秦王智，智在察纳雅言和"礼贤下士"两个方面。

察纳雅言的证据有二：一是听从李斯的建言，停止了"逐客令"；二是采用了尉缭的计策"愿大王毋爱财物，赂其豪臣，以乱其谋，不过亡三十万金，则诸侯可尽"。

秦王从其计，见尉缭亢礼，衣服食饮与缭同。缭曰："秦王为人，蜂准，长目，挚鸟膺，豺声，少恩而虎狼心，居约易出人下，得志亦轻食人。我布衣，然见我常身自下我。诚使秦王得志于天下，天下皆为虏矣。不可与久游。"乃亡去。秦王觉，固止，以为秦国尉，卒用其计策。而李斯用事。

尉缭是大梁人，缭是他的名，尉是他后来的官职，所以司马迁称他为"尉缭"。从上文可以看到，秦王以对等的礼节对待尉缭，居然让尉缭害怕，礼贤下士难道还不对吗？魏公子无忌礼贤下士怎么就成了美谈呢？这两者其实不一样。关键是秦王平素待人从来不这样。秦王长得高鼻梁、眼睛细长，有猛禽般的胸脯，豺狼般的声音，刻薄少恩而且有虎狼一样的野心。穷困时容易居于人下，志得意满时就会反口吃人。尉缭心想：我现在只是一介布衣，然而他见我还经常居于我之下，如果他果真统一了天下，天下都要成为他的奴隶；因此，不可以和他共事，共事久了会掉脑袋。于是尉缭想逃走，秦王知道了，坚决制止，并任命他为秦国的最高军事长官。事情到此颇有意思，这段话应该结束才是，却偏又有最后一句"而李斯用事"，这句话实在高明，因为尉缭说话不算数，想要逃走，所以给他封高官，把他供起来，不让他走，但是也不给他实权。在这里我们看到了秦王既识别人才、察纳雅言，又心胸狭隘、缺乏自我反省，有极强的控制欲。这也是秦王后来必定失败的性格因素。等统一天下后，他一定会自我膨胀，而如果缺乏自我反省，必将走向狂妄的境地。因此，秦王的"礼贤下士"要加引号，决非天性使然，只是要用人帮忙争夺天下，才不得不如此。

平定了嫪毐的叛乱，剪除了吕不韦等老臣，大权真正在握，又有了尉缭的计策，李斯死心塌地的效命，秦王的统一大业势如破竹。这个13岁登基，22岁掌权，39岁成为中国第一个真正统一天下的皇帝的人，处变不惊，心思缜密，能以己下人，察纳雅言，变分封制为郡县制，统一度量衡，车同轨，书同文。真不可不谓是大英雄，实在是"至智"之人。

始皇愚在哪里？

始皇愚，愚在大兴土木，耗费民力。结束六国混乱，本来是一件大好之事，老百姓从此可以过上和平安宁的日子。但是始皇在统一天下后，开始驱使百姓修建各种工程，供自己享乐。修建骊山陵寝、阿房宫，修筑从咸阳到甘泉前殿的甬道（两边有墙，人在里面走，外面看不到），筑长城、治驰道。仅阿房宫和骊山就有 72 万人在服劳役，其耗费可想而知。后来就是这些戍边服劳役的士卒忍无可忍，揭竿而起，吹响了反秦的第一声号角。

始皇愚，愚在到处刻碑，歌功颂德，掩耳盗铃。

且看第一次封禅，"上泰山，立石，封，祠祀。下，风雨暴至，休于树下，因封其树为五大夫"。改在梁父山封禅，还把一篇祝词刻在石头上。按理说，风雨暴至，这次封禅是上天都不认可的，但始皇不这么想，他也不知道在大树下避雨，如果碰上打雷会要了他的命，还封它为五大夫，奖励此树护驾有功。再看刻在石头上的"初并天下，罔不宾服"，意思是"刚刚兼并了天下，没有人不像宾客一样心服的"。事实是这样的吗？我们知道的就有高渐离刺秦、张良博浪沙刺秦，可见志得意满的秦始皇已经不再有原来的远见卓识。秦始皇二十九年（公元前 218 年），始皇在博浪沙遇刺，在罘山刻石写下"义诛信行，威燀旁达，莫不宾服"，在东观刻下"常职既定，后嗣循业，长承圣治"。意思是：正义的讨伐使皇帝的信用行为遍布天下，赫赫的兵威无往而不达，天下没有人不信服；职位等级已经固定下来，后世只要依循我的做法，就可以永远继承我圣明的教化。而在东观刻碑两年后就有事情发生了。

三十年，无事。三十一年十二月，更名腊日"嘉平"。赐黔首里六石米，二羊。始皇为微行咸阳，与武士四人俱，夜出逢盗兰池，见窘，武士击杀盗，关中大索二十日。米石千六百。

"三十年，无事"，真的无事吗？看三十一年十二月发生的事情就知道了，这一年并不是无事，只是大事情在酝酿中而已。危机已然四伏，秦始皇并不知情，还是到处巡游，到处刻碑，并在三十一年把腊月改为嘉平月，"嘉平"，美好安宁，可就在这个月，始皇在都城咸阳遇到盗贼，武士杀死了盗贼，但"关中大索二十日"，说明还有漏网的盗贼在逃。百姓为盗的原因是什么呢？"米石千六百"，一石米需要一千六百钱，民不聊生，才铤而走险。

始皇愚，还愚在求长生不老，任方士糊弄，完全丧失了原来的判断力。骗秦始皇的方士有两拨人：一拨人是燕人卢生，他去找仙人羡门、誓求长生不老药。卢生带回了录图书，这带图的书上写着"亡秦者胡也"，于是有蒙恬发兵攻匈奴。一拨人是徐福等人带童男童女去海外找仙药，耗费巨资，杳无音讯。后来卢生等方士找不到长生不老药就逃了，始皇发怒，于是发起了坑儒事件，共坑杀这样的方术儒生460多人。

始皇愚，更愚在怀疑身边的一切人，玩弄权术，最终害死了自己。始皇疑心很重，不愿意暴露自己的行踪。一次始皇在山上看到李斯出行车马众多，很不高兴。后来他再看到李斯出行时，车马随从减少了，他就知道有人把消息走漏了出去，于是审问当时在场的人，无人承认，他一怒之下把那天在场的人都杀了，从此再没有人敢走漏皇帝的行踪。所以，始皇死后，李斯和赵高秘不发丧，假装他还活着，用鲍鱼掩盖尸臭，运回咸阳，这一切都瞒得特别好，实际上也是始皇当初自己的行为所导致的结果。

教育启示

（1）不盲目效法古人，也不要无视和否定古人。始皇从极智到至愚，究竟是为什么呢？因为权高位重，志得意满，骄纵傲慢，狂妄自大。作为一代帝王，他非常勤勉，功绩之大，无可抹杀；但是，在统一天下之后，他的眼中没有历史，没有古代先贤，有的只是自己伟大的功业。他变得故步自封，狂妄自大。不借鉴前代的良策，一味地严刑酷法，对百姓没有施恩和怜惜，而是一味地愚民、弱民。他以为只要这样，就可以高枕无忧，嬴氏世代为帝，却不料到秦二世胡亥就亡国了。真是"秦必亡于胡"啊！只是是胡亥的胡。在学习古人的同时积极创新，才能保持文化的创造力。

（2）重视学习历史，学会从历史中去发现真相。始皇的愚民政策中最狠绝的就是焚书，烧掉民间的非秦国记载的历史书、《诗经》《尚书》及诸子百家的著作，甚至在街头议论诗书者都要被斩于市，用古代事例来否定今天措施的人要被灭族。民间只有卜筮、医药、种树的书可以流传。为什么尤其要烧掉历史书，而且是六国的历史书呢？因为读史让人明智，历史让人清醒，历史会教人以古证今，或以古验今。而秦始皇喜欢的是听话的顺民、愚蠢的奴隶，像尉缭那样能从历史中看到未来的人，是秦王最害怕的，一定不能让他离开秦国。因此，秦王的成功在于他"不师古"，不分封天下而实施郡县制；不"师"法尧舜仁爱百姓而只用法家的赏罚制度调动军队的战斗积极性。同样，秦始皇的失败，也在于他的"不师古"，不注重学习前朝的经验教训，仁义不施，得意忘形，最终落得二世而亡，为天下笑。始皇如果善于学习，善于从古代学习，就不会出现此种结局。我们应当重视学习历史，因为历史的视野在任何时候都是需要的。

自助银行

中国五千年的文明历程积淀了很多文化基因：自强不息、含蓄蕴藉、温柔敦厚、仁爱刚毅、知进知退、祸福相倚、刚柔并济等，这些都是我们的财富。当然，五千年的文明中也有因循守旧、循规蹈矩等弊病。我们教育孩子对待历史要像鲁迅先生在《拿来主义》里说的那样，要"拿来"，要"占有、挑选"。不无视历史，也不拒绝"师古"。引导孩子学习历史，从历史中汲取营养，抗拒人生的风雨。

> **案例 1**
>
> 古典诗歌给了叶嘉莹坚韧的脊梁。叶嘉莹先生，不列颠哥伦比亚大学终身教授，加拿大皇家学会首位中国古典文学院士，南开大学中华古典文化研究所所长，博士生导师。叶嘉莹先生把毕生的财产全部捐给了南开大学。叶先生从小跟着伯父诵读诗书，尤其喜欢古典诗词。叶先生平生遭受很多坎坷：幼年丧母、新婚时丈夫入狱、中年丧女、孑然一身，她把所有的精力都献给古典诗词，尤其喜欢杜甫的诗歌，写过《杜甫〈秋兴〉八首集说》。在最艰难的时候，她也想到过自杀。1976 年 3 月，长女及女婿同时因车祸罹难，叶嘉莹先生痛不欲生，强打精神料理完女儿女婿的丧事，她将自己关在家中谁也不见，唯靠古典诗歌舒缓痛苦。最后是古典诗词给了她生存的热情和动力，给了她活下去的勇气和信心。现今 96 岁高龄的她依然在讲台上吟诵古典诗词，她用诗心给这个追逐利益的时代带来清雅和高贵的清风明月。"师古"带给我们过去的岁月里沉淀下来的思考和收获。

学习古人的坚韧品格，让廖贝顺利渡过留学适应期。廖贝是我以前的学生，现在在纽约大学读博士。她在高二时随父母离开北京到英国读书。在国外求学，寂寞难耐，有一天她突然有一个念头：再也不想在英国待下去了，想订票回国，就此终止学业。就在那时，她突然联想到了一篇课文——《苏武传》。她想：苏武在北海牧羊19年，毫无回国的希望，他却依然坚持，我怎么一年都坚持不了了呢？于是她毅然退掉机票，留在英国继续学业。这一次退学的心理危机，她是靠回忆苏武这位历史英雄来度过的。回国后她来看我，特别提到了这件事，告诉我关键时候历史知识真的很有用。"师古"让我们的学生变得坚强，变得有力量。苏东坡在黄州时期，也是从东晋的陶渊明身上获得了精神的支持，那一首首"和陶诗"既是他向古代的学习，也是与自己的和解，从而度过了人生的心理危机，完成了余秋雨所说的"黄州突围"。现代生活，我们有很多围困需要去突破，"师古"，让孤独者获得慰藉，"师古"让无助者获得智慧。您也和孩子一起捧读历史书吧，在历史中找到偶像、习得经验和教训。

教育箴言

愿大王毋爱财物，赂其豪臣，以乱其谋，不过亡三十万金，则诸侯可尽。

翻译：希望大王不要吝惜财物，用重金贿赂诸侯国的权贵，扰乱合纵的谋略，不超过三十万金，诸侯就可以全部被灭亡。

提示：贪欲是最容易被他人利用的，需提醒孩子人生在世须谨记——无欲则刚。

4. 留下文字比留下金钱更重要

——《吕不韦列传》中的教育启示

吕不韦是韩国人，家里世世代代做生意，家财千金。但是，人们对他的评价并不高，有人说他善于投机，位极人臣，可叹投机之心太重，最终害死了自己。他由一位富有的商人，一跃而成为秦国的相国、秦王的仲父，在秦王嬴政13岁到22岁之间，一直主持秦国事务。九年间，秦国政治秩序良好，外交顺利，经济发展，领土扩张，为秦始皇统一六国做好了准备。但在《吕不韦列传》中，却分明能感觉到太史公对吕不韦的贬大于褒。

太史公特别赞扬那些通过努力改变命运的人，认为他们"不负其时"，在《张仪列传》《苏秦列传》中都提到要重视人的真正才能，忽略人才的一些小节，如有点好色、贪点小财等。即便是在当时名声不好的苏秦，太史公也要写文章为他的发奋正名。而吕不韦比苏秦的成就更大，太史公因何不喜欢吕不韦呢？

其实，用"互现法"和"对比法"来看《吕不韦列传》，也还是可以看到吕不韦的功绩的。"互现法"，就是要把《秦始皇本纪》和《吕不韦列传》《报任安书》一起来看；"对比法"就是把嫪毐和吕不韦对比，吕不韦和赵高对比着看。

吕不韦是个大商人，他的眼里全是买卖，商人的精明在吕不韦身上体现得很突出。他在邯郸做生意，发现秦国在赵国的质子异人虽然贵为公子，但是并不受赵国人待见，因为秦国攻打赵国，异人在赵国车马费用都不宽裕，困窘不堪。吕不韦认为异人"奇货可居"，于是和异人说自己可以帮他光大门楣，通过光大异人的门楣来光大自己的门楣，两人一拍即合，异人答应，

"必如君策，请得分秦国与君共之"。其实，异人不仅在赵国很不受待见，在秦国也是秦王不受宠的儿子之一。异人母亲地位卑微，所以异人虽然是秦国公子，却毫无前途。但是，吕不韦看到了异人最大的财富就是他秦国公子的身份，而其地位低微，不受宠信，但这可以通过吕不韦的巨额财富来改变。于是吕不韦一方面拿出钱财来资助异人，让他广泛结交。一方面拿出奇珍异宝去贿赂秦国太子夫人的姐姐。他通过太子夫人的姐姐去劝说膝下无子的太子夫人，让她把异人作为嗣子，母凭子贵，这样太子夫人在年老色衰之后也有个依靠。于是太子夫人真的将异人认作了嗣子。不久秦国太子登基，即秦昭王，异人改名子楚（太子夫人是楚国人），顺利成为秦国太子。

吕不韦家一位能歌善舞的宠姬已经怀有身孕，被子楚看上，吕不韦便把宠姬送给了子楚，后来她生下来的儿子就是嬴政。子楚登基后为庄襄王，庄襄王身体不好，即位一年就去世了。13岁的嬴政登基为秦王，吕不韦任相国，主持国务，嬴政称吕不韦为仲父。这一单"奇货可居"的大生意，吕不韦通过包装异人，最后实现了自己政治命运的大逆转，收获满满。

但吕不韦作为一个政治家的身份在《吕不韦列传》中几乎没怎么提，这是为什么呢？参看《秦始皇本纪》，就知道秦王元年到九年里记载有吕不韦的政绩。这段时间里，秦国灭了东周，不断侵占六国的城池，修建了郑国渠等水利工程，发展了农业，招揽了很多知识分子，为秦国储备了人才，李斯就是吕不韦的门客，并由吕不韦推荐给秦始皇，而且扩张期间杀戮相对以前要少得多。既然有这九年的功绩，那就说明秦始皇统一天下的功绩有吕不韦的一份，那么在《吕不韦列传》中，司马迁却只字未提，也许司马迁对吕不韦是有一定的偏见的。

再看第一组对比：吕不韦和赵高。赵高扶持胡亥当皇帝，但是并未尽到辅佐之责，他先是怂恿胡亥杀秦始皇的公子、公主们，接着杀功臣，最后杀李斯。唆使胡亥躲到深宫里不再接见朝臣，还说"天子称'朕'，固不闻声"，只在禁宫中与赵高决断事情。赵高用计害死李斯后自己做丞相，章邯等被项羽围巨鹿，章邯退却，二世派人责备章邯，章邯派人去请示赵高，赵高却不接见，迫不得已章邯才投降了项羽。赵高指鹿为马，为所欲为，最后逼迫二世胡亥自杀。可以说是赵高的胡作非为加速了秦朝的灭亡。赵高后来被秦王子婴刺杀，夷灭三族。

和赵高相比，吕不韦要优秀得多，第一，他让异人变为子楚，从一个毫无地位的秦国公子拥有了继承权；第二，他没有加害秦王嬴政的心思，也没有任何不敬、不忠的行为；第三，他治理国家井然有序；第四，他举荐了门客李斯，一心为秦国谋发展。吕不韦的最大的缺点是他和秦王嬴政的母后私通，还推荐了假宦官嫪毐。因为嫪毐事件，吕不韦受牵连，被免丞相，以布衣身份回封地洛阳。因为吕不韦被免相，"诸侯宾客使者相望于道路，请文信侯"，意思是，六国的君主派使者纷纷到路上来等吕不韦，想请吕不韦到自己的国家去当相国。这么大的影响力，致使秦始皇发怒，他不愿意用吕不韦，也不能放他去其他国家被对手任用，于是写了封信给吕不韦，命他迁徙到蜀地去。

> 岁余，诸侯宾客使者相望于道，请文信侯。秦王恐其为变，乃赐文信侯书曰："君何功于秦，秦封君河南，食十万户？君何亲于秦，号称仲父？其与家属徙处蜀！"吕不韦自度稍侵，恐诛，乃饮鸩而死。秦王所加怒吕不韦、嫪毐皆已死，乃皆复归嫪毐舍人迁蜀者。

为什么秦王这封信会让吕不韦自杀呢？这封信里说"君何功于秦？""君何亲于秦？"可以看出，"少恩而虎狼心，居约易出人下，得志亦轻食人"的秦始皇已经不承认旧功，不念旧情，认为吕不韦于秦有大过，推荐了嫪毐。既是罪臣，要流放到蜀地去，哪里还有去其他诸侯国的机会？这样说来，吕不韦不但不能离开秦国，还有可能受刑罚而死，所以他选择饮鸩自杀。

还有一组对比，那就是嫪毐和吕不韦。虽然他们都和赵太后有私情，但是嫪毐除了秽乱宫廷外还意图造反，未有任何政治作为。吕不韦则不然，他除了与赵太后的私情，没有别的污点。太史公在《太史公自序》里说："结子楚亲，使诸侯之士斐然争入事秦。作《吕不韦列传》。"意思是说，吕不韦和子楚结识，后来成为亲属，这桩买卖做成功了，让六国的人士都争着到秦国做事情。

太史公对吕不韦的态度究竟怎样呢？有明确的说明吗？有，在《报任安书》那段非常有名的文字中：

> 古者富贵而名摩灭，不可胜记，唯倜傥非常之人称焉。盖文王拘而演

《周易》；仲尼厄而作《春秋》；屈原放逐，乃赋《离骚》；左丘失明，厥有《国语》；孙子膑脚，《兵法》修列；不韦迁蜀，世传《吕览》；韩非囚秦，《说难》《孤愤》；《诗》三百篇，大抵圣贤发愤之所为作也。此人皆意有所郁结，不得通其道，故述往事、思来者。乃如左丘无目，孙子断足，终不可用，退而论书策，以舒其愤，思垂空文以自见。

这里的"不韦迁蜀，世传《吕览》"，就是在肯定吕不韦的成就。这段文字中的文王、仲尼、屈原、左丘明、孙膑、韩非子，太史公称他们为"倜傥非常之人"，即"卓异洒脱，非同一般的人"，而把吕不韦和他们并称作"圣贤"，由此可见，如果说太史公对吕不韦作为一个商人弄权成了相国有看法的话，那么对吕不韦用自己的钱财和地位集中人才编纂一部经典《吕氏春秋》却是非常赞赏的。"不韦迁蜀，世传《吕览》"其实应该这样理解：虽然吕不韦被秦王流放到蜀地，饮鸩自杀，但是世上却流传了一部他所编纂的经典——《吕览》，又名《吕氏春秋》。

教育启示

（1）财富不可常保，功名转瞬成空，唯有留下思想者不朽。吕不韦作为一个大商人，高明之处不是他能看出异人"奇货可居"，也不是他成就不凡的九年秦国相国生涯，而是他留下一部杂家巨著《吕氏春秋》。吴裕垂说："不韦于七国争雄，斯文沦丧之余，独礼文人学士，使各著所闻，集论以为八览、六论、十二纪二十余万言。其言天地万物、古今之事备矣，迺犹不敢自以为是，悬金市门，聿求增损。是战国时，以卿相而有儒雅之风者，不韦一人而已矣。"日本学者泷川资言说："《吕览》一书，儒、道杨、墨、名、法、兵、农、诸家之言俱在，盖欲合九流而为一也。不韦传学之功不可没。"所以，吕不韦在战国后期，能召集门客编辑《吕氏春秋》这部杂家的代表作，为秦国储备了一个智囊团和智库，也为后人留下了一笔丰厚的精神财富。

（2）不能因其有缺点就否定他的学说和著作。《吕不韦列传》中太史公对吕不韦是有厌恶之感的，但是我们看待吕不韦时，要阅读所有关于吕不韦的文章，综合评价他。我们要看到吕不韦在思想上的前瞻性，他很可能看到了秦国只用法家思想来治理国家的弊端希望后人在治理国家时能用杂家的思想，杂取各家之长，而避各家之短；所以今天的人们逐渐发现了吕不韦的价值。如郭沫若在《十批判书》里说："一个朝代的歪曲谬传，到二千多年后的今天，吕不韦要有一个适合的公论可谓难矣。"中国人民大学历史系教授孙大洲说："其人其事可议，其功不可没，其学其书不可废。"所以，我们不能因人废言，不能因为吕不韦个人行为的一些不足就否定了他的重大成就。

自助银行

老子曰："金玉满堂，莫之能守。"满屋的金玉，没有人能守住它并藏起来。"富不过五代""陋室空堂，当年笏满床"讲的也是这个道理。财富地位不能长期占有，只有学识是可以长期保留并传承的。所以，聪明的家长，传下的是家书，传下的是家族的技艺，传下的是家族的学问。聪明的家长教孩子博采众长，不因人废言；立德立言，传之后世。如今曾国藩、梁启超的后人人才辈出，与其家庭教育重学问轻金钱密切相关。

案例 1

古语说"不因人废言"。德国著名传播学大师伊丽莎白·诺埃勒－诺依曼早年曾经服务于法西斯主流媒体，她在上世纪70年代提出了著名的"沉默的螺旋"理论，这个理论其实正是她对纳粹经验的总结。"沉默的螺旋"的理论是这样的：人们在表达自己想法和观点的时候，如果看到自己赞同的观点受到广泛欢迎，就会积极参与进来，这类观点也就越发大胆地发表和扩散；而发觉某一观点无人或很少有人理会，有时还会有群起而攻之的遭遇，那么即使自己赞同它，也会保持沉默。一方的沉默造成另一方的增势，如此循环往复，便形成一方的声音越来越强大，另一方越来越沉默下去的螺旋发展过程。正好形成一个上大下小的螺旋。这个理论提醒我们要关注舆论中的从众心理。她的发现对于研究传播学有重要意义，提示我们要审视媒体的声音究竟是不是真正的大众的声音；要关注那些沉默的被缩小的那螺旋下方孤独的声音，有时候真理正在那小部分的孤独的声音里；声音的大小不是评判舆论正误的标准。我想我们不能因为这个学者曾经服务于法西斯主流媒体，就否定她的这个发现。我们不能因人而废言。对于犯过错误却有成就的学者，我们要学习其成就，避免其错误。

案例 2

阿·林格伦是瑞典著名儿童文学作家。有一次，她的女儿卡琳得了肺炎，卧病在床，嚷着要她讲故事，她说："那讲什么呢？"女儿说："那就讲长袜子皮皮吧。"这个由女儿起名的《长袜子皮皮》的故事就在妈妈日复一日的讲述中诞生啦。女儿 10 岁的时候，她把这本书写了出来作为送给女儿的礼物。《长袜子皮皮》一出版立即获得巨大成功，被译成 30 多种文字，已经出版 1000 万册。阿·林格伦以丰富的儿童文学创作成为瑞典的"儿童文学外婆"、瑞典的"民族英雄"。阿·林格伦把女儿一个人的长袜子皮皮变成了全世界儿童的长袜子皮皮。她为全世界的孩子留下了一个永远不会长大的童年伙伴——皮皮露达·维多利亚·鲁尔加迪娅·克鲁斯蒙达·埃弗拉伊姆·长袜子！阿·林格伦让世界永葆赤子之心。

教育箴言

子不知也，吾门待子门而大。

翻译：您不知道啊，我的门庭等你的门庭光大了，也就光大了。

提示：人与人都是靠互相欣赏，互相提携，才可能互相成就。

5. 大格局成就大事业

——《李斯列传》中"老鼠哲学"的启示

出生于上蔡的李斯，在乱世中"得时不怠"，成为辅佐秦始皇嬴政的股肱之臣，位列三公，富贵之极，但最后却落得个"遍受五刑，腰斩弃市，夷灭三族"的下场。临终之时李斯父子二人抱头痛哭的场景一直在我的脑海中挥之不去。如果当时有人递给李斯一支笔，他会留下怎样的绝笔书呢？是控诉赵高诬陷？还是悔恨自己当初没有坚持立公子扶苏？他从贫贱到富贵再到被腰斩的经历，对我们究竟又有什么样的借鉴意义呢？

我想到了"格局"一词，人的出身可以卑贱，但格局必须大气。因为没有大格局，爬得再高也立不起来。"功名靠器宇"，说的就是这个意思。李斯就是一个明证。

李斯者，楚上蔡人也。年少时，为郡小吏，见吏舍厕中鼠食不洁，近人犬，数惊恐之。斯入仓，观仓中鼠，食积粟，居大庑之下，不见人犬之忧。于是李斯乃叹曰："人之贤不肖譬如鼠矣，在所自处耳！"

茅厕里的老鼠，吃的食物很脏，地方又狭小，又有人捉或狗咬，成天提心吊胆。而仓库里的老鼠，食物干净且丰富，地方宽敞，不受人和狗的惊扰。对此李斯慨叹说："人有没有出息，就和老鼠一样，在于能不能找个好地方。"这就是李斯的"老鼠哲学"，对现代人来说也大多如此，获得社会羡慕尊重的大多数是仓库里的老鼠。这一"老鼠哲学"，李斯在和老师荀子告别的时候特意作了解释，即"故诟莫大于卑贱，而悲莫甚于穷困"。意思是，一个人最大的耻辱是处于低下卑贱的地位，最大的悲哀是处于贫穷和困顿。李斯和老师荀子学的本是儒家学说，为了"得时不怠"，迎合当时的需要，改而用法家的权、术、势来游说秦王。为了得到富贵，李斯完全放弃了儒家的"君子固穷""君子终食之间违仁，颠沛必于是，造次必于是"的坚守，全副身心走向了追逐富贵的道路。

李斯这条道路走得很顺利，他首先去吕不韦门下做门客，然后由吕不韦推荐到秦王身边做了郎官。在此基础上，他抓住机会向秦王进谏："胥人者，去其几也。成大功者，在因瑕衅而遂忍之。"意思是说，一个人总是在等待，就会错过很多成功的机会。获得巨大成功的人，在于抓住机会狠下决心。这话正好说到了当上秦王却还没有掌权的嬴政的心坎上，于是他提拔李斯为长史，让李斯带上金银珠宝去离间其他六国（韩、赵、魏、楚、燕、齐）君臣，随后秦国大军压境。统一六国之后，李斯又被升为客卿，当上了君王的高级参谋，直接对秦王负责。

后来因为发生了一个叫郑国的韩国人想通过给秦国修渠来消耗秦国国力的事件，所以秦王下达逐客令，驱逐在秦的所有六国人员，以防他们也是间谍，很多人难过地离开秦国。此时，李斯献上了一篇文章《谏逐客书》，文章展示了李斯广阔的视野，卓越的写作才能。文中先说秦国历史上任用百里奚、商鞅等外国人，使秦国逐渐强大起来；然后说六国的珍奇宝贝让秦王有耳目之赏；再推论说如果现在驱逐外国人，会让天下人产生秦王重视吃喝玩乐之类物品而不重视人才的感觉，此非强国之为，而且，如果秦王拒绝优秀人才来秦国，就会导致这些优秀人才去帮助六国攻秦，这就是与"给敌寇兵器和粮食，让他们来攻打自己"一样的行为。秦王听从李斯的建议，收回成命。这篇文章可谓大放异彩，鲁迅先生曾经评论说："先秦文章，李斯一人而已。"

李斯后来又建议设立郡县制、车同轨、书同文、统一度量衡等，李斯和秦始皇的丰功伟业相得益彰。他也由一名楚国上蔡的平民一跃成为秦朝的相国，被封为"通侯"，得到了他需要的富贵，成了他理想中的"仓库里的老鼠"。

斯长男由为三川守，诸男皆尚秦公主，女悉嫁秦诸公子。三川守李由告归咸阳，李斯置酒于家，百官长皆前为寿，门廷车骑以千数。李斯喟然而叹曰："嗟乎！吾闻之荀卿曰'物禁大盛'。夫斯乃上蔡布衣，闾巷之黔首，上不知其驽下，遂擢至此。当今人臣之位无居臣上者，可谓富贵极矣。物极则衰，吾未知所税驾也！"

李斯想自己只是上蔡的一介布衣，皇上居然把自己提拔到这个地步，心中可谓得意之极。但是他毕竟是荀子的学生，明白"物极而衰"的道理，"我知道这个道理，却不知道如何停下我的车啊"。人的物质欲求是无止境的，而且李斯害怕的就是再回到穷困之中，所以他注定无法主动刹车，无法"功成身退"。秦始皇病死沙丘时，要扶苏回来即位的诏书在赵高处未发出，赵高私下找李斯，要改立胡亥为新君，这样可保李斯通侯之印无虞。最后说："君听臣之计，即长有封侯，世世称孤，必有乔松之寿，孔、墨之智。今释此而不从，祸及子孙，足以为寒心。善者因祸为福，君何处焉？"

"君何处焉？"问得太恰当了，赵高看透了李斯。李斯最放不下的就是权位，所以经过很久的思想斗争，最终他还是决定和赵高狼狈为奸。

斯乃仰天而叹，垂泪太息曰："嗟乎。独遭乱世，既以不能死，安讬命哉！"于是斯乃听高。

李斯听凭赵高胡来，这一结果其实在"老鼠哲学"中已可见一斑。而李斯后来被赵高诬告入狱，最后遍及五刑，腰斩而死，其实也是意料之中了。

二世二年七月，具斯五刑，论腰斩咸阳市。斯出狱，与其中子俱执，顾谓其中子曰："吾欲与若复牵黄犬俱出上蔡东门逐狡兔，岂可得乎！"遂父子相哭，而夷三族。

没有大格局，只是一味追求荣华富贵，富贵就会毁了他的功业。《李斯列传》中写到了他的"三叹"：看到老鼠为"一叹"，叹自己发现的人生观——要竭力抓住机会求富贵，这也是他行事的原则，也是他狭窄的人生格局。大宴宾客，感叹自己位极人臣是"二叹"，第二叹也是一个预兆，是一个物极必反的警醒。但是李斯并没有停下，没有反思，没有调整自己的人生观。第三叹是他临终前和儿子抱头痛哭的悔叹，这更是太史公的感叹，人生应该有更大的格局，可惜李斯和荀子学了那么多年的帝王之术，最终也没有坚守为臣之道，没有顶住赵高的威胁，一心只想保全富贵，最后却因贪图富贵毁了一世功名。

（1）要存有大格局，无用之用是为大用。我们教育孩子，要引导孩子树立大格局。大格局就是正确的人生观。人生观看似没用，其实很重要，人生的列车在关键时候开往哪里，是由人生观决定的，此所谓无用之用是为大用。人可以卑微，但人格不能卑贱。人生离不开物质，但不能只追求物质。物质不可常存，它不属于任何人，谁都带不走它；只有精神和你同在，纵使肉体消失了，精神仍可长存。

（2）大丈夫一定要有所坚守。李斯当初为了生计，"趋时"而动，抛弃了儒家"君子固穷"的哲学思想，只想做仓库里的老鼠；在沙丘被赵高威逼利诱时，为保全自己的富贵，他抛弃了人臣尽忠的职责；后来秦二世施政更加严苛之时，本应进谏规劝二世施仁政的李斯，却因讨二世的欢心，写了一篇上书二世督责的奏疏，以致二世对百姓的压榨变本加厉。正是这一系列的"趋时"而动、缺乏坚守，导致他丢了自己的性命。所以说，随世沉浮，即使立了再大的功劳，最终也会随水逝去，不留痕迹。孟子云："立天下之广居，行天下之大道，富贵不能淫，贫贱不能移，威武不能屈，此之为大丈夫。"大丈夫要有所为有所不为，在选择多元化的今天，我们应该恪守这条准则。比如大家都觉得钱是好东西，但我们也要引导孩子做到"不义而富且贵，于我如浮云"，让孩子成为有原则有底线有坚守的人。

老子曰："富贵而骄，自遗其咎。"李斯的失败在于骄傲，更在于他的"老鼠哲学"中透露出的格局太小。格局是什么呢？格局是很重要的，其实就是人生观、价值观、世界观。格局大的人，三观正，且人生境界高，不只是想着眼前的自己的利益。现在的家长也知道培养正确的三观极其重要，却苦于无从下手。而三观的教育是最难的，容易流于说教，让孩子反感。有两条办法可供借鉴：其一是讲故事，把人生观寓含在故事中；其二是立家训，把最重要的价值观写成家训，时时记忆内化。最重要的是家长要以身作则，用行为践行这种人生观、价值观，营造熏陶渐染的教育情境，孩子生长其中，自然而然受到教化。

案例1

苏东坡的母亲程夫人给他读《后汉史》，读到《范滂传》不禁长叹。苏轼在一旁问：如果有一天我也像范滂那样，母亲赞成吗？程夫人说：你要是能做范滂，我难道就不能做范滂的母亲吗？

范滂何许人？东汉刚直之士也。为官清正，嫉恶如仇。汉桓帝时，宦官专权，李鹰、杜密等贤臣与之斗争而被杀害，范滂受牵连被杀。临刑前，母亲与他诀别。他安慰母亲，让她不要为自己悲伤。母亲说：你今天能够和李鹰、杜密齐名，还有什么遗憾的呢？有了好名声，还要求长寿，怎么能两样都得到呢？在场的人听了无不流涕。苏轼从小就能以范滂为榜样，真可谓"奋厉有当世志"。程夫人见儿子小小年纪就有远大志向，高兴地说：我有儿子了！

案例2

曾国藩教子弟说："吾不望代代得富贵，但愿代代出秀才。"曾家人才辈出，跟他的家训有直接关系。因为他认为财富不可常保，而学问却可以代代传承。曾国藩不仅是这么说的，在家书里是这么写的，也一直在这么做。他把自己的俸禄基本上都变成了荷叶塘家中三座藏书楼中的藏书。正是那些藏书培养了著名的外交家曾纪泽、数学家曾纪鸿、化学家曾昭抢、考古学家曾昭燏等众多优秀的后人。

钱氏家族是中国出院士最多的家族，仅无锡钱家便出了10位院士和学部委员，他们都是五代时期吴越国国王钱镠的后代。钱氏出了钱玄同、钱学森、钱三强、钱钟书、钱穆等人。钱氏的人才"井喷"现象与他们的家训有关。其中"读经传则根柢深，看史鉴则议论伟。能文章则称述多，蓄道德则福报厚"这四句就是教后人要多读经书，多看史书，多写文章，多蓄道德，多得福报。这都是提醒后人要有长远的目光和宽广的格局。

嗟乎！吾闻之荀卿曰"物禁大盛"。夫斯乃上蔡布衣，闾巷之黔首，上不知其驽下，遂擢至此。当今人臣之位无居臣上者，可谓富贵极矣。物极则衰，吾未知所税驾也！

翻译：唉，我听荀子说"事物最怕过于昌盛"。我李斯是上蔡的平民，街巷里的百姓，皇上不知道我驽钝愚蠢，才把我提拔到这么高的位置。当今的臣子没有比我地位还高的，可以说是富有高贵到了极点。然而，事物发展到了极点就要走向衰落，我还不知道归宿在何方呢！

提示：人在盛极之时须思退避，在得到太多之时要知道放手。

第三辑　其心宜虚，其格宜高

培养孩子虚心的品质，高尚的人格。

1. 寻得好同学，一起奔前程

——《张仪列传》中的教育智慧

苏秦、张仪都是平民出身，都师从鬼谷子，学的都是纵横之术，最后都做到了国相的位置。有历史学家研究发现，他们两人并不存在于同一历史时期，这里姑且还是以《史记》中记载的为准。苏秦早出山，也早登要路津，提早挂了六国的相印。张仪出山要晚一点，也没那么顺利。

张仪游说诸侯时，曾和楚国丞相一起喝酒。楚相丢了一块玉璧，怎么也找不到，于是他手下的人就怀疑是张仪偷的，因为张仪家里贫穷，平时行为也比较没有约束。楚相捆起张仪，使劲鞭打，但是张仪拒不承认偷了玉璧，楚相最后只好放了他。回家后，张仪的妻子对他说："你看，如果你不去读书，不去学纵横之术，不去到处游说耍弄口舌，哪会有今天的侮辱啊？"张仪很认真地对妻子说："你看看我舌头还在不在？"妻子被他逗笑了，说："舌头在啊。"张仪说："那就够了！"张仪比苏秦要乐观自信，学问比苏秦好，对自己也很有信心。"只要我的舌头还在，就足够能让我成功。"

苏秦建立六国联盟后，担心秦国攻打诸侯国会让自己的合纵失败，于是想安插自己人在秦国当政，这时他想到了同学张仪。他派人暗示张仪来找自己，这样张仪也容易找到出路。张仪果然来找苏秦，苏秦却并不怎么搭理他，开始时故意不见他，后来才招待他，招待的饭菜也非常差。他还责备张仪说："你有如此才华，却把自己弄到如此困顿不堪的地步，只能在我这里受辱。我可以帮你说句话让你谋个职位，获得富贵，可是你根本不值得我这么做！"然后就把张仪打发走了。张仪本以为自己和苏秦是好朋友，可以求个前程，没想到却被这般羞辱，非常生气，心想：六国诸侯已经被苏秦捷足先登，没有可再去游说的对象，那就去找秦王吧，也只有秦国能让苏秦吃苦头。一气之下，张仪去了秦国。

在去秦国的路上总有一位神秘的人物陪伴着张仪，在张仪需要钱财的时候就会出现。等到张仪见了秦惠王，被秦惠王任命为高级参谋，眼看发达在即，这位朋友却又要离开。张仪说："我是依赖您才有今天的，刚要报答您的恩德，您怎么就走了呢？"这位朋友才告诉张仪说："不是我了解您，真正了解您的人是苏秦。他担心秦国攻打赵国让合纵失败，认为只有您才能执掌秦国的大权，所以故意用激将法让您离开赵国，又派我暗中保护您，并给您活动的资金。今天您成功地得到了秦王的重用，我也完成了使命要回去交差了。"张仪听了非常感动，无限感慨地说："苏秦暗中帮助我，我居然都不知道，还是苏秦比我厉害啊，我保证苏秦在时一定不让秦国攻打赵国。请您替我谢谢苏秦。"苏秦帮助同学的方式很特别，他不是提供一个职位让老同学得到好处，也没有明说要同学去秦国谋事做，而是故意激怒张仪，让他生出不甘受辱、不甘落后的上进之心；又知张仪手头紧张，于是派心腹暗中资助。这样，有了被激发出的上进心，有了资金的支持，再加上自身的才华，张仪的成功就自然而然了，不久张仪就当上了秦国相国。

教育启示

（1）好同学可以一起玩，但最好不要在一起谋事。因为经常在一起往往会心生嫉妒，容易互相仇视，互相伤害。孙膑和庞涓，李斯和韩非子就是这样，倒不如各自谋生，互相照顾，互相成就。苏秦觉得自己水平不如张仪，于是刺激张仪去了秦国。这样既照顾了同学，也能让彼此都有饭吃：有了合纵，连横才显得很急切；有了连横，合纵才有必要。苏秦帮助张仪，其实就是在帮助自己。老同学与其在一起相恨相杀，还不如在不同的地方打拼，相依相存。

（2）人应该有恩报恩，有怨报怨，恩怨分明。张仪受苏秦门客的一路相助，便要报答，后来知道是苏秦的恩情，也很感激并表示以促使秦国不伐赵国作为报答；而对于侮辱过自己的那个楚国相国，张仪当上秦国相国后，就写了封信给他："以前我跟你一起喝酒，我没有偷你的玉璧，你鞭打我。现在你守好你的国家吧，我不久就要来攻略你的城池了！"他发誓要夺楚国城池来报复。范雎也是如此。《范雎蔡泽列传》记载，范雎当初在魏国中大夫须贾身边做事，被须贾侮辱，打得骨折齿落，他只好装死，须贾用席子把他裹起来扔到厕所里，那些参加宴会的客人还在他的身上撒尿，他也只有忍着。等人走了，他在席子里求那个看守他的人放了自己，才得以逃出。后来到了秦国，他改名为张禄，当上秦国的相，被封为应侯。后来他既报复了须贾，同时也散尽家财来报答那些和曾经的自己一样处于困厄中的人。

（3）人处在困厄中时，也要充满自信。张仪问自己的妻子：你看我的舌头还在不？舌头还在就够了，就足够我去成就人生了。后来正是凭借这舌头，他破齐楚联盟，结秦楚联盟，实施连横，帮助秦国变得日渐强大。孔子云："君子不患无位，患所以立。"君子不担心自己没有位置，而要担心自己凭借什么立起来。所以我们不要怨天尤人，要苦练内功，自己的本领好了，就会有出头之时。

自助银行

因为独生子女比较多，现在的孩子有时候变得比较"独"，难以和别人相处。社会的多元性和分工精细化，确实可以让人足不出户就能解决一切问题。但是"独学无友，则孤陋寡闻"，所以家长要教育孩子善于乐群，寻得好朋友，一起奔前程。好同学一起合作，容易取得成功。

> **案例 1**
>
> 王光谦、胡春宏、倪晋仁都是武汉水利水电大学治河专业 1978 级的学生。1982 年，这三人同时选择到清华读研，并且住同一间宿舍，宿舍题名为"三虎居"。他们有着为中国治河事业而奋斗的共同追求，共同学习。毕业后，他们选择到不同的地方去发展。王光谦，中国科学院院士，现任青海大学校长，研究成果为治理黄河及长江三峡工程泥沙问题发挥了作用；胡春宏，中国工程院院士，现任中国水利水电科学研究院副院长，在长江三峡工程、黄河小浪底工程、三门峡工程等项目中的泥

沙治理方面取得了多项国际先进水平的科研成果；倪晋仁，中国科学院院士，现任北京大学环境工程研究所所长，主要致力于水沙两相流理论及其在水环境模拟、河流动力地貌的拓展研究，同时开展水体污染控制理论与治理技术方面的探索。从同一间宿舍出来三个好朋友，虽然身在三处，但都做到了最好，都成为院士，被人传为佳话。好同学，没有尊卑的差别，只有共同研讨切磋；好朋友，没有利益的冲突，只有相互关心鼓励。

案例2

马克思和恩格斯是好朋友，他们长达40年的友谊让人们感动不已。1851年夏天，马克思开始为《纽约每日论坛报》写稿，可是所得的稿酬仍不够一家人的开销。马克思曾经在给恩格斯的信上说："我不能再出门，因为衣服都在当铺里；我不能再吃肉，因为没有人肯赊给我了。"恩格斯对马克思一家的困难处境十分关心，他为了"保存最优秀的思想家"，在经济上资助马克思，使马克思能有足够的时间和精力撰写理论著作。1850年，恩格斯违背了自己本来的意愿，毅然决定重返曼彻斯特，到父亲经营的"欧门—恩格斯"公司当店员，从事他十分厌恶的经商工作。从那时起，恩格斯就常常寄钱给马克思。每个月，有时甚至是每个星期，都有汇票从曼彻斯特寄往伦敦。正是恩格斯的帮助，让马克思有金钱有时间投入到思想的研究和写作中。这种资助长达20年！马克思写的文章，恩格斯都认真阅读过。在马克思去世之后，恩格斯又参与了《资本论》第二卷、第三卷的整理和出版工作。这一伟大的友谊之所以能长存，是建立在志同道合、互相欣赏、相互支持的基础之上；是建立在为了崇高的理想，为了全人类的幸福而共同奋斗的基础之上。

教育箴言

欲富国者广其地，欲强兵者务富其民，欲王者务博其德，三资者备而王随之矣。

翻译：想要国家富强就要扩充土地，想要军队强大就要使百姓富有，想要成为帝王就要广泛播撒自己的德行，这三种资源具备，那么称王之事就会随之而来。

提示：建立一个帝国需要广阔的土地、富有的百姓、美好的德行，做成一件事情也要做好充足的准备，想走得更远，就要准备更多。做一个人，也要准备美好的德行。

2. 多一份仁爱，多一条退路
——《商君列传》中的教育智慧

　　《商君列传》是一篇改革者的宣言，尽管太史公不喜欢法家人物，但是在写商鞅这个人物时还是保持了公正的态度，"不虚美""不隐恶"。褒的方面：肯定了他锐意进取的精神，用饱含赞赏的语言描述他说服秦孝公，力挫保守派，推行改革，促使秦国国富兵强的一系列举措；同时也在字里行间流露出遗憾：商鞅刻薄寡恩，惩罚太严，树敌太多，落得被诬造反、五马分尸的悲惨下场。事实上，商鞅也的确带领秦国走出了西部，开始了征服六国的征途。从这个意义上说，商鞅是一位伟大的、成功的改革家。至于最后被杀的下场，那不是改革的代价，只是伴君如伴虎的代价。

　　中国的改革家太少了，我们习惯于保持老祖宗的古法不变，商鞅在当时是不被认可的，所以最后蒙受恶名被杀。可是秦国却沿用了商鞅的政策，继续采用法家思想，所以商鞅只是被作为替罪羊，用来转移矛盾而已。就像汉代一样，晁错建议汉景帝削藩以加强中央集权，得罪了诸侯王，诸侯王强烈反对，最后皇帝杀了晁错，平息了诸王的愤怒。

　　商鞅原名卫鞅，商是后来秦王给他的封地名字。卫是指他是卫国人。当时卫国已经成了魏国的附庸国，卫鞅在魏国的丞相公叔座家里是一名上等门客"中庶子"，受到公叔座的赏识。公叔座临终时，魏惠王来看望他，问他：如果您百年后，国家的事情可以交给谁来打理？公叔座推荐了卫鞅，说他年少而有奇才，希望魏惠王能把国家交给他。魏王沉默不语，不想让临终之人不高兴。公叔座看出魏王并不想用卫鞅，于是说，大王如果不用他，请一定杀了他，不要让他离开魏国。魏王走了，公叔座叫来卫鞅说：你赶紧逃跑吧，我让魏王用你做相，他不同意，于是我就建议他把你杀了，你现在逃跑还来得及。卫鞅说："魏王既然不听你的话用我，他怎么会听你的话来杀我呢？"最终没有离开。果然，魏王觉得公叔座病得很厉害，在胡言乱语，并没有听从公叔座的建议。这件事证明了卫鞅此人确实出众，他看问题的角度很独特，有自己独特的判断。

因为在魏国不受重视，于是卫鞅来到了秦国。当时秦孝公正在招揽天下贤才。卫鞅请求秦孝公的宦官景监推荐自己，前后见了秦孝公四次，最后一次才说服秦孝公任用自己。第一次见秦孝公，与之谈五帝的治国方略，秦孝公听得昏昏欲睡。卫鞅知晓了帝道在孝公这里行不通。第二次见秦孝公，与孝公谈三王的策略，秦孝公感觉稍好，但是还没有说到秦孝公感兴趣的方案。第三次见秦孝公，与他谈称霸之道，秦孝公觉得还不错，但没有立即任用卫鞅，而是跟景监说，"你的客人不错，我可以和他再聊聊"。第四次见面时，卫鞅用强国之术游说秦孝公，孝公大悦，听着卫鞅的话，不知不觉把坐席往前移。这一次卫鞅彻底说服了秦孝公。卫鞅能够迅速地根据君主的需求及时调整策略，最后拿出君王最得意的方案，与法家时俱进的特点分不开，法家认为，事物变了，对待事物的方法也要发生相应的变化。

秦孝公是个英名的君主，非常信赖卫鞅。秦孝公和卫鞅其实是一对好搭档，但是在历史上的名气却没有刘备和诸葛亮这对君臣高。这可能是人们不大喜欢卫鞅所致，若以君主共同创造的成就论，秦孝公和卫鞅取得的成就可能远大于刘备和诸葛亮取得的成就。

秦孝公和卫鞅要实施新法，就难免和保守派有一番较量，有很多变法在这个阶段就流产了。卫鞅发表了改革者的宣言，甘龙、杜挚等人表示反对，卫鞅又慷慨激昂地对保守派进行一一回击，辩论最后以卫鞅完胜而结束。

卫鞅的宣言里有这样一些观点：

其一，做事情不能犹豫，要果断。

其二，有高于众人行为的人，被世人议论、评论是正常的。

其三，高尚的美德不和世俗相符合，立大功的人不去和老百姓商量。你只可以和老百姓享受改革的成果，而不能在开始时和他们商量怎么做。

其四，只要可以强国，可以不守老祖宗的旧法；只要可以利民，可以不遵循旧礼。

其五，智慧的人制定法令，愚蠢的人只知道遵守法令。贤明的人改变礼节，不贤明的人拘于礼节。

其六，治理国家的方式是不一样的，只要对国家有利，我们可以不效仿古代。反对古代的人不能批评，依循礼节的人也不值得推崇。

句句有声，句句是改革者的宣言。

秦孝公听了直叫好。

保守派的意见是：

其一，跟着老祖宗的法子就可以获得成功，所以可以习惯以前的方法，安于以前的方法。而且跟着老祖宗走，不费力气。

其二，没有足够的好处，不轻易变法。

如此辩论下来，改革派卫鞅完胜保守派，秦孝公连连称"善"，于是最终决定实施变法。

按现代眼光来看，卫鞅的做法非常时尚。他提倡做事要果断，要与时俱进，法令要根据适当的情况而变化。旧的不一定就好，新的也不一定不行。但是，为什么卫鞅自己的下场却如此悲惨呢？我认为，卫鞅忽视了民众的作用。卫鞅认为老百姓是愚蠢的，不能和他们商量，只让他们享受成果就好。老百姓确实在你做决策时没什么作用，但是对于不好的结果老百姓会用他们的方式来表示抗议和反对。百姓认同就会拥护你，百姓反对就会抛弃你。正所谓"水能载舟，亦能覆舟"。

卫鞅这些改革措施有好的地方，如赏罚分明、鼓励农业、戒除私斗、奖励军功、抑制豪强的利益等，这些做法加强了秦国的军事和农业实力。但改革措施中也有过于严苛的一条：连坐制。这条法令容易产生民怨。严明的赏罚中，如果罚得严苛，时间长了就容易激起民众的反抗之心，如"匿奸者与降敌同罪"等。新法令颁布后用立木为信的方式严格推行，有反对变法者就被迁到边城；太子犯了法，"刑其傅公子虔，黥其师公孙贾"，即给他的老师公子虔处以刑罚，在其老师公孙贾的脸上刺字。这样秦国人都遵守新法令了。

后来卫鞅又实施了第二轮改革，迁都咸阳，鼓励分家，整顿风气，设立郡县制、废除井田制，统一度量衡。改革五年后，秦人富强，秦孝公被尊为霸主，诸侯全来祝贺。

之后，卫鞅又帮孝公向外扩张，谎称要和魏国大将公子卬议和，趁机俘虏了魏国大将公子卬，侵占魏国河西之地，逼迫魏国迁都大梁。卫鞅因此被封淤、商十五邑，号为"商君"。在改革第四年时，太子老师公子虔又触犯法令，被劓去鼻子，公子虔因此八年未出家门。当秦相十年期间，卫鞅得罪了很多权贵。赵良拜见卫鞅，提醒他现在的处境很危险，劝他如果现在身退的话，或许还可保全自己；如果还这样一意孤行，后果一定很严重，一旦秦孝公去世，秦国立刻就会惩治他，到时候再后悔就来不及了。可是商鞅不听。

果然，秦孝公去世，太子即位，公子虔等纷纷告发商鞅，商鞅逃到关下，想住客店，店主并不知他是商鞅，只说按照商鞅的法令没有验证住店人身份的店主要依法被连坐，所以不敢收留。商鞅慨叹："唉，法令的弊端落到我自己头上了！"于是逃到魏国，魏国人讨厌卫鞅欺骗公子卬，讨厌他攻打魏国侵占魏国土地，所以魏国人不但不接纳他，反而把他抓起来送回秦国。最后商鞅以谋反的罪名被秦惠文王车裂于市。

商鞅一生，有身为"卫鞅"时的落寞失意、冷静机智，有身为"商鞅"时的春风得意，他厉行改革却最终被车裂分尸。前后两段人生，可敬亦可叹！

教育启示

（1）商鞅出色的分析问题、解决问题的能力是值得学习和借鉴的。商鞅用十年时间帮助秦国迅速崛起，其本领不可谓不强。分析他崛起的过程，可以给我们教育子女一些启示。冷静的判断力是我们可以学习的。在魏国的公孙座临终向魏国君主推荐卫鞅未果后，卫鞅没有听从公孙座让他逃走的建议。他认为，既然魏国国君不听公孙座的意见任用他，怎么会听公孙座的意见杀了他呢？这个判断就极其厉害，可见其确实不凡。所以，家长不能只盯着孩子的学习成绩去培养高分，见识也是很重要的。另外一点是游说秦孝公时，卫鞅能够一次又一次调整自己的策略，说到秦孝公要的方案，让秦孝公心悦诚服。这就能看出卫鞅不只有一套方案，而是有很多种方案套餐供秦孝公选择。对于改革，商鞅也有着坚定的意志，不怕阻拦。如果不被杀掉，他肯定还可以有更大的作为。培养见识，培养孩子审时度势分析问题、解决问题的能力，也特别重要。

（2）施政不能太严苛，要讲仁爱，给自己留余地。商鞅以一人之力助秦国崛起，其本领不可谓不大，但最终被车裂分尸，其结果不能说不惨。为什么他的改革不为人所容呢？法家人物如商鞅、李斯、韩非，他们的结局都不好，原因究竟是什么呢？其原因是有共性的，比如法令都过于严苛，刻薄寡恩，不讲仁义；视老百姓为奴役的工具，不尊重不爱护，不学习儒家的仁爱思想，这就是法家治理下的秦朝速亡的原因之一。比如商鞅，他在树立威信时，把太子的老师公子虔的鼻子劓了，公子虔因此八年未出家门。这种做法虽然立了威严，推动了变法的进程，但是也注定了商鞅最后的悲惨结局。丝毫不考虑人伦常理，过于苛刻，所以最后他被人告发要车裂时，人们不但不念他改革之好，反而拍手称快。这是不施仁义，不给自己留余地所致。

自助银行

仁爱他人是很重要的品质，能饶人处且饶人，能帮人处且帮人，等自己碰上事情时，才能有人帮助。人做事情，七分靠才气，三分靠人气，不可一味逞能，把才气都用尽，把好人全得罪。现在的孩子长期被家人宠爱，在人情世故上有些欠缺，需要父母提醒和教育。学校教育比较注重智育，尤其重视学科方面的智育，而对于在日常生活中综合地分析问题、解决问题的能力则需要家庭教育来引导和培养。

案例 1

王安石是北宋著名的政治家、文学家和思想家。当然，他还是著名的改革家。20 岁前，王安石跟着父亲到过很多地方，看到官僚豪绅对百姓的盘剥，看到民生的疾苦，预感到国家国防和财政会出现危机。王安石在考上进士之后，由地方调到京城做官，了解了民情，他综合分析国家局势，在给仁宗皇帝进献的《上仁宗皇帝言事书》中提出了变法的主张。变法的目的是"富国强兵"，提出要抑制大官僚地主的兼并，强化统治力量，以防止大规模的农民起义，巩固地主阶级的统治。当时并没有被采纳。宋神宗即位时，任命王安石为宰相，设立专门的机构来领导变法。王安石从"理财"和"整军"着手，颁布了一系列新法。属于"理财"范围的有农田水利法、青苗法、免役法等；属于"整军"方面的有保甲法、保马法等。新法推行，在一定程度上抑制了豪强兼并势力，缓和了国家财政和军事危机。但是由于变法大大触动了大地主官僚集团的利益，推进过于激进，引起了反对派的强烈阻挠。元丰八年（1085年），神宗病逝，守旧派上台，新法被全部废弃。王安石不禁悲愤地说："亦罢至此乎！？"不久就郁郁病逝。王安石的改革虽然失败，但是他分析问题、解决问题的方法，改革旧法弊端、锐意进取之精神值得我们的家长学习。培养孩子综合的分析判断力，才能真正培养伟大的人才。

教育箴言

智者作法，愚者制焉；贤者更礼，不肖者拘焉。

翻译：智慧的人制定法令，愚蠢的人受制于法令；贤明的人改变礼节，愚蠢的人拘泥于礼节。

提示：智慧的教育者也不是一味模仿他人的方法，而是自己去创造合适的方法。

3. 逆境是磨砺，隐忍成大业

——《留侯世家》里的隐忍智慧

我特别喜欢看《留侯世家》，特别喜欢张良身上体现出来的隐忍的智慧。

留侯出身很好，其先人在韩国当丞相，服侍韩国五代君王，张良家庭富庶，一家有三百多口人。秦国灭韩，让张良与秦结下不共戴天之仇。张良的弟弟死了，张良只是简单地给弟弟发丧，省下钱财来寻求刺客刺杀秦王，为韩国报仇。张良自己也求访名师，学习技艺。皇天不负有心人，他终于招募到一名能徒手舞动120斤铁锤的大力士。在秦始皇东游时，两人在博浪沙狙击秦始皇，可惜误中秦始皇的副车，张良和这位大力士被全国通缉，于是年轻的张良开始了逃亡生活。

此时20岁的张良血气方刚，忠信而刚直，勇敢而鲁莽，喜怒皆形于色。他散尽家财，宁愿与秦王同归于尽也要报答韩国。如果张良一直这样行事，那么可称得上是一名勇士，但几乎不可能在史书上留下一笔，因为作为勇士，荆轲比他更大胆，敢于在秦国朝堂上借献地图之机，图穷匕见，直刺秦王，可惜剑术不精，只划断秦王一截衣袖，功败垂成。

张良的改变离不开"圯上老人"。

请看"圯上老人"的出场："良尝闲从容步游下邳圯上，有一老父，衣褐，至良所，直堕其履圯下，顾谓良曰：'孺子，下取履。'"这个地方看得不细致就容易把这件事情当成一个偶然事件。但细思极恐，原来这是"故意作案"。

地点：下邳，张良躲避全国通缉的地方。

时间：尝从容步游下邳圯下。这里注意"从容"二字，说明张良很多时候是不出来的，出来也是鬼鬼祟祟偷偷摸摸，这次可能风声没那么紧，自己出来放一下风。

事情：老父衣褐，至良所，直堕其履圯下。老人直接走到张良跟前，故意把自己的鞋甩到桥下去，然后回头让张良去帮自己捡。不是请求，而是命令。他是个普通百姓，这是在找茬吗？要是张良没有控制住自己，老头可能就难堪了。那么可以这么推测：

其一，老人认识张良，而且知道他刺杀秦王被通缉的事情，也知道今天让他干什么他都不敢动怒。

其二，老人认识张良，而且知道张良刺杀秦王被通缉的事情，自己让他捡鞋，他不干，如果他打人，老人也有功夫能抵挡。

其三，老人认识张良，而且知道张良刺杀秦王被通缉的事情，自己让他捡鞋是为了教育他。

根据老人后来拿出《太公兵法》后就再没出现这一点可以推测其为高人，应该以明哲保身为重，不可能冒着被张良打死的危险来教育张良，所以排除其三。可能是其一或其二，即老人认识张良，并知道张良不会打自己，纵使打起来，老人也有功夫抵御。

有人认为真有《太公兵法》这部书，但我认为这次捡鞋的事情就是"兵法"。这里面蕴含了哪些智慧呢？其一，凡事在自己不占优势时只能忍，即所谓人在屋檐下不得不低头。张良本是国家通缉的要犯，如果现在再失手打伤老人，引人注意，自己就会暴露，所以姑且忍之。苏东坡对此专门写了《留侯论》来阐释"忍"的意义。"天下有大勇者，卒然临之而不惊，无故加之而不怒。此其所挟持者甚大，而其志甚远也。"这无疑是对的。但如果这篇文章的主旨就只是教张良要忍，赞美张良会忍，日后才能辅佐刘邦建立汉朝大业，那么这个捡鞋的故事为什么还有后面三分之二的篇幅呢？故事还要告诉我们什么呢？"后五日平明，与我会此。"这是老父和张良的约定，第一次，张良确实是平明前往，老父已先到。老父责备张良："与老人期，后，何也？"去，曰："后五日早会。""五日鸡鸣，良往，父又先在。复怒曰：后，何也？去，曰后五日复早来。五日，良夜未半往。有顷，父亦来，喜曰：当如是。"

我们看，老人第一次约定的和第二次约定的其实不是同一个概念，第一次是说后五日平明，这是个具体的时间，张良虽如约而至但还是落在了老人之后。第二次老人提前到了，其实是老人换了规矩，变成了"后五日看谁更早了"，由"守约"变成了"争先"。前两次张良还是没明白，若人把"平明"由"太阳出来"就到桥边改为"鸡鸣报晓时"到桥边，还是落后于老人。张良这下才明白：这就是在比谁更早，比谁先到。所以，这里面包含着如下智慧：

其一，兵不厌诈，其实张良第三次去的时间是"后五日夜未半"即第四天晚上十一点左右，严格讲已经不是后五日了。

其二，先下手为强，永远要争先，先发制人。尤其是在别人不认为你会争先的时候争先。

其三，表面看失了面子，实则收获满满。这件事，表面上张良被骂被辱，其实却成就了张良。有些时候看似争得了面子，实则丢掉了性命，比如韩信跟刘邦要齐王的位置。

我们来看张良是如何运用老人教他的这些智慧的：

第一处是攻武关时，张良游说沛公收买秦国将领，打算联合起来攻打咸阳。张良说这只是他的将领要反叛，担心他的士兵不答应，不如趁他们懈怠的时候攻打他们。于是轻松取下武关。这是张良自己消化兵法的第一仗，"兵不厌诈"。

第二处是在鸿门宴上，沛公中途借口上厕所溜回霸上，张良回去向项羽道歉，说沛公不胜杯杓。沛公先溜走了，张良再留下来道歉。这也是活学活用。此为"先下手为强"，抢在项羽有所举动之前先让刘邦溜之大吉。

第三处是帮助沛公先破关入咸阳，占尽先机。汉王后来离开汉中定都长安，离不开当初"先入关破秦"，与秦地百姓约法三章，赢得了秦地民心。这也是抢得先机。

第四处是韩信破齐后想自立为齐王。汉王刘邦闻之大怒，张良游说汉王，汉王派张良授给韩信齐王信印。此为先给后取。韩信看似得了齐王，实则埋下了他日被杀的祸根。汉王看似丢了面子，被韩信要挟，实则得了实惠。

第五处是楚王和汉王已经以鸿沟为界划分天下，张良却提示汉王趁项羽不注意，对其突袭。确乎毫无信用可言，但确实赢得了战机。这里既有"兵

很老很老的育儿经
历史故事中的家教智慧

不厌诈"的策略，又有"先下手为强"的策略。

留侯张良由一个刺秦的愣头青，变成一位隐忍退避有智慧、在刘邦疯狂杀功臣的举动下居然都可以全身而退的谋士，决定因素就是圯上老人的帮助和启迪。促使他蜕变的圯上老人如同一本教科书，教我们在遇到事情时"忍让得理智，争先占良机；谦卑待长者，功绩留他人"。

教育启示

（1）隐忍既可成功名，退隐亦可远祸害。真正的英雄敢于面对淋漓的鲜血，善于敛藏锐利的锋芒，善于寻找最好的时机，善于找到对方的弱点。莽撞难成大事，唯有隐忍方可成功名。功成之后也要有张良的修养，能抽身退隐，远离祸患，享受生活，"从赤松子游"。

（2）不邀功是成功后获得安全的好方法。圯上老人帮助了张良却从不邀功，这一点对张良影响也很大。张良辅佐刘邦建立大汉江山，被高祖刘邦称赞为"汉中三杰"之一，但他从不邀功，屡献奇计，却说"陛下用臣计，幸而时中"。只是幸运地偶尔说中了，把功劳归于运气。分封他三万户，他只愿封"留"地，不愿接受三万户的封赏。他还把功劳和奖赏分给他人，把汉王赐给他的百镒黄金给了项伯。明明是他把沛公从咸阳宫中劝出来，却对沛公说要听樊哙的劝说。正是如此，他才可以明哲自保，没有招来杀身之祸。张良的行为正是圯上老人教完他就隐逸起来的不居功、不邀功的实践版。

（3）以退为进，虽柔必强。"运筹帷幄之中，决胜千里之外"，张良也许只有经过圯上老人的点化之后方有这等本领。有着如此声誉的张良，很容易让人觉得他该是堂堂七尺的好男儿，不想他的状貌却像个美丽的妇人。太史公曰："余以为其人计魁梧奇伟，至见其图，状貌如妇人好女。"相由心生，张良一生的修养，消解了英雄外在的鲁莽，绵软了性格的棱角，使他考虑问题更为全面，看待得失更为独特。

自助银行

我们教育孩子在各种环境下都要勇于进取，这自然没有错，不过，有时恬退却是更好的选择；我们教育孩子要勇敢，这也没有错，不过，有时隐忍却是最好的选择。我们不能只教孩子勇敢进取，也应让孩子们在岁月的历练中去领悟"适时退隐"的道理。进路，值得肯定，退路也非常重要。张良告诉人们，在进取之后，功成身退，方可保全自我，保全功名。

案例 1

曾国藩开始在家乡办团练时，因为脾气急，和湖南官场不合，差点火并，皇帝也不满意他的作为，团练的事业和仕途都出现了危机。后来父亲去世，他在家守丧，这期间他思考了自己的处世问题，又重读了《道德经》，当曾国藩参悟了《道德经》之后，一改过去锋芒毕露、舍我其谁的硬朗作风，精神状态进入了一个全新的境界。他说："知地之大而吾所居者小，则遇荣利争夺之境，当退让以守其雌。"意思是：大地广大厚重，我所处的仅仅是很小一块，所以当遇到荣辱、利益之争的时候，退让而主动处于弱势才是正确的做法，如此则不受其害却能受人爱戴，舍小利而谋大局。正因为知隐忍，知进退，曾国藩才成了清朝的中兴名臣。

案例 2

我碰到过一个很有个性的学生，他不爱跑操，不爱参加集体活动，上课看哲学书，不听老师讲课，经常和老师抬杠，虽然很聪明，但不好好学，成绩也不好。老师们很头疼，我多次提醒也没有用。有一天学校举行活动，他是旁观者，坐在我旁边，我本来又要趁机说说他的学习状况，话到嘴边又收了回去，随口问了一句："家里人都挺好的吧？"我心想别问他学习了，因为他本来就不爱学习，哪壶不开提哪壶，讨人嫌。这时，这孩子眼圈红了，说："不好，我正想跟您讨点办法呢？"然后说起奶奶和姥姥都患了重病，家里乱了套，尤其姥姥是一直照顾他的，现在动不了了，他心理上很难接受。我说："现在你得长大了，担当起照顾管理她们的重任。姥姥和奶奶都疼你，也都愿意听你的话，你的学习就别让她们操心了。"他懂事地点点头。他跑操了、上课认真听讲了、学习成绩也进步了。老师们都说他变化太大了，问我用了什么高招。其实，我也没有办法，只是最后退到了做人的基本情感上来，因为姥姥生病的事情唤醒了他内心的责任心。五代时期布袋和尚有首七绝《插秧歌》："手把青秧插满田，低头便见水中天，六根清净方为道，退步原来是向前。"拉弓射箭时，只有往后拉得更多，才能向前射得更远。往后退有时是为了更好地向前。

教育箴言

家世相韩，及韩灭，不爱万金之资，为韩报仇强秦，天下振动。今以三寸舌为帝者师，封万户，位列侯，此布衣之极，于良足矣。愿弃人间事，欲从赤松子游耳。

翻译：我家世代为韩相，到韩国灭亡，不惜万贯家财，替韩国向秦国报仇，天下为此震动。如今我凭借自己的口才成为帝王的老师，封邑万户，位居列侯，这对一个平民是至高无上的，对我来说已经足够了。我愿意抛却人间的事情，打算随赤松子去云游了。

提示：

人生在世，应学习张良，该进时积极进取，不错过机会，不浪费才华。该退时，如潮水退岸，毫无留恋。不能只知进而不知退。悟懂进退，方懂人生。

4. 不以成败论英雄，而以精神评高下

——从《刺客列传》排行榜谈教育智慧

《刺客列传》中太史公写了六个人：曹沫、专诸、豫让、聂政、荆轲、高渐离。全文约六千八百字，而写荆轲的内容就占了近四千字，可见太史公对荆轲的用心。太史公认为这六个人"此其义或成或不成，然其立意较然，不欺其志，名垂后世，岂妄也哉"。意思是，他们的这些义举有的成功了，有的没有成功，但是他们的出发点很明确，都没有欺骗自己的良心。

曹沫、专诸、豫让、聂政、荆轲、高渐离这六个人的故事中前五人相对独立，高渐离的故事算是荆轲刺秦的尾声。五个独立的故事之间又有比较和衬托。曹沫逼迫齐桓公退回鲁国的土地，虽然维护了国家利益，但主要是齐桓公有意成全，所以并非曹沫的"刺"的功劳。与为国家而刺秦的荆轲不可相较。专诸刺杀吴王僚，是因公子光和吴王僚争王位，专诸只是被公子光雇佣而已，算不上"士为知己者死"。

而豫让呢，豫让让人感动的不是他的刺杀术，而是他对主人智伯的忠诚。豫让是晋国人，曾经是范氏和中行氏的家臣，但是没有什么名气，也不受重视。后来豫让侍奉智伯，智伯对他特别尊重和信任。赵襄子和韩、魏联合起来用计灭了智伯，瓜分了智伯的土地。赵襄子最痛恨智伯，还把智伯的脑袋漆成盛酒的容器，宴会宾客时拿出来解心中怨气。为了替智伯报仇，豫让逃到了山里，发誓说：嗟乎！士为知己者死，女为悦己者容，吾其报智之仇也。

他对赵襄子进行了两次刺杀，但两次连赵襄子的衣服都没有碰到。第一次，他化装成在厕所里刷墙的犯人，想趁赵襄子上厕所时刺杀赵襄子，赵襄

子上厕所时心里一惊，于是发现了想行刺的豫让。赵襄子念他是个义士、贤人，在主人被杀后还能为主子报仇，很敬重他，所以叫手下人放了他。豫让于是开始第二次刺杀的准备。他吞炭把声音变嘶哑，将全身涂满漆变成长满癞子的样子，连自己的妻子都认不出来。他的朋友说："你为什么不假装委身侍奉赵襄子，然后找机会杀了他？为什么要如此摧残自己，这不是太难为自己了吗？"豫让说："你已经委身侍奉他人，却又要杀了他，这是怀了二心在侍奉，这让我来做的话将会更难。我这么自毁来杀赵襄子，就是想让那些作为人臣却怀二心去侍奉主人的人感到惭愧啊。"于是他在一座桥下等着刺杀赵襄子，没想到赵襄子从桥上过时骑的马受惊叫起来，赵襄子说："这肯定是豫让在下面。"派人去问，果然是豫让。赵襄子就数落豫让说："你不是曾经侍奉过范氏和中行氏吗？他们被智伯灭了，你不替他们报仇反而侍奉智伯。智伯如今死了，为什么你为他报仇的心如此坚定呢？"豫让说："范、中行氏皆众人遇我，我故众人待之；智伯国士遇我，我故国士报之。"豫让在临死之前请求在赵襄子的衣服上刺几刀，好到黄泉去见智伯，赵襄子成全了他，最后他伏剑自杀。赵国的有志之士听说这件事，都为之哭泣。据说豫让自杀的血水染红了这座桥，后来人们称这座桥为赤桥。

豫让刺赵襄子的故事展示的是豫让的忠诚，刺杀没有成功并不重要，重要的是"立意较然，不欺其志"。

再来看聂政帮助严仲子刺杀韩相侠累。严仲子和韩相侠累在韩王面前争宠，聂政因为严仲子远道而来求他帮助还送他百金，虽然没有收下这些钱财，但是很感激严仲子对自己的赏识。于是聂政在母亲去世、姐姐出嫁后去帮严仲子刺杀仇人。聂政杀死韩累后，自己把面部划破，剜出眼睛，把肚子剖开自杀，让人无法认出自己是谁，免得连累姐姐聂荣及严仲子。如果没有聂荣街头认尸这个情节，聂政其实只是被人利用的一个杀人工具，死了也不为人所知。当聂政的尸体被抛弃在大街上无人认领时，姐姐聂荣猜测那个人一定是弟弟聂政，于是到韩国认尸，她趴在尸体上痛哭，大声地宣称：这就是轵深井里那个叫聂政的人啊。有人问她：这个人杀了我们的丞相侠累，韩王用千金来悬赏，希望知道他的姓名，你怎么还敢来认你的弟弟呢？你不怕被杀吗？聂荣说：我知道我会被杀头，但是我弟弟聂政是"士为知己者死"，他自己毁容自杀，是不想连累我这个姐姐。

"妾其奈何畏殁身之诛，终灭贤弟之名！"大惊韩市人。乃大呼天者三，卒於邑悲哀而死政之旁。

"我怎么可以因为害怕被杀就埋没了弟弟的贤名呢。"街上的人听了这话都大吃一惊，只见聂荣大喊三声"天啊"后痛苦而悲伤地死在聂政身旁。聂政的故事因为其姐不顾自己的性命去认尸而更加让人动容，严仲子在聂政为他杀了仇人后，甚至不敢承认是自己雇凶杀人，如果不是聂荣来认弟弟，聂政就死得无人知晓，哪里还有什么"知己"可言。

最重要的刺客是荆轲。荆轲是卫国人，卫国被秦国灭后成了魏国的一个属国。燕太子丹在秦国受欺负，本来跟荆轲一点关系都没有。那么荆轲为什么答应燕太子丹去刺杀秦王呢？荆轲好读书击剑，有治国之术，曾用治国之术游说卫国国君，卫国国君不听，最后卫国被灭。后来荆轲到燕国，和高渐离等人喝酒，一会儿一起乐，一会儿一起哭，看似是个酒鬼，其实不然。

荆轲虽游于酒人乎，然其为人沉深好书；其所游诸侯，尽与其贤豪长者相结。其之燕，燕之处士田光先生亦善待之，知其非庸人也。

荆轲"沉深好书""所游诸侯，尽与其贤豪长者相结"，联系前面以术游说国君，可以看出荆轲不但非庸人，而且一直在暗中进行一场神圣的活动——联合六国贤明而有能力的人进行一场反秦的斗争，所以荆轲刺秦是他读书思考交游后的必然选择，接受燕太子丹的请求只不过是为了更好地完成这个使命。在这种反抗斗争还没有真正开始而秦国的统一步伐却越来越快的时候，荆轲刺秦才会特别地悲壮，才会有当荆轲失败后，高渐离继续刺秦事业。在这个意义上，荆轲就和其他刺客区别开来了，荆轲刺秦不是因为燕太子丹给他的待遇好，也不是因为燕太子丹是他的知己，而是当时有志之士共同的选择。刺秦，是荆轲作为一个读书人、一个有血性的六国之士应有的反抗。

刺秦是很多人想做的选择，但一般人是有想法而无行动，荆轲不仅有志向，更有勇气和胆魄去完成这个使命。太史公用了正衬反衬的方法来突出荆轲。

鞠武是燕太子丹的老师，面对强秦压境，束手无策，最后给燕太子丹推荐了田光。燕太子丹拜见田光，太子避席跟田光说："燕秦势不两立，希望先生能帮我。"田光说："千里马年轻的时候，一天能跑千里，等到它老的时候，劣等马都能跑在它的前面。您只知道我年轻时厉害，不知道我现在精力已经不行。即使是这样，我也心系国事，我的朋友荆轲可以出使完成这件事情。"太子说愿意结交荆轲，并在送田光到门口时告诫他："我刚才和你说的事情，您千万别泄露出去。"田先生低下头笑着答应了。于是田先生在推荐完荆轲后选择自杀，以死来坚定荆轲刺秦之志。

荆轲后去拜见樊於期。他是秦国的将领，逃到燕国，秦王正悬赏捉拿他，荆轲想借他的人头去拜见秦王，趁机刺杀秦王。通常而言，是没有人愿意借自己的脑袋给别人的，但是樊於期听说荆轲的计策后，毅然自杀，把头献给荆轲作为信物，帮助荆轲完成刺秦的使命。

那么，荆轲的胆略又体现在哪里呢？献樊於期人头、献督亢地图、图穷而匕现，这些策略无论有多好，无论刺杀成功与否，荆轲的结局都是一死，明知是死地，还能视死如归，此乃大英雄也。"壮士一去兮不复还"的易水送别之歌，写得慷慨激昂，"荆轲就车而去，终已不顾"写得悲壮豪迈。荆轲是背负着很多人的使命奔赴秦国，是带着必死的决心去秦国的。

那么他的胆量如何呢？荆轲捧着樊於期的人头，带着都亢地图、淬过剧毒的徐夫人短剑和助手秦舞阳，假装投降，来到秦国的朝廷。看秦舞阳的表现就知道荆轲是多么伟大。秦舞阳12岁就能杀人，但是到了秦国朝廷，看到秦国上下的威严，吓得脸色大变，没发挥任何用作用。而荆轲呢，从容淡定，应对自若，接过秦舞阳手中的地图，献地图时图穷而匕首现，因为忙乱之中秦王挣扎而起，所以没有刺中秦王，只是刺到了秦王的袖子。后来御医夏无且让秦王把剑推到后背拔出来，秦王就砍伤了荆轲的腿。荆轲瘫坐在地上，又开腿坐着，大笑秦王说："我只是想活捉你而没有刺死你。"甚至在众人将荆轲斩杀之后，秦王依然目眩了很长时间。当时六国有如盖聂一样剑术很好的人，但没有刺秦的使命感，因此盖聂听闻荆轲之事时心生惭愧。

高渐离是个看似不起眼的人物，仿佛没有多少作为。其实不然，在《刺客列传》中高渐离是和荆轲一起出场的，荆轲到了燕国就和高渐离一起喝酒，时哭时笑，由此可见高渐离也是一个很有抱负的人，对秦国相继灭亡其他的国家心存不满。荆轲赴秦刺杀秦王时，高渐离送他，而且"击筑而歌"

以示激励。荆轲刺秦失败后，高渐离主动承接了继续刺秦的使命。高渐离在民间击筑而歌时，客无不流涕而去。这一方面是高渐离敲筑敲得好，另一方面也说明人们被音乐中的亡国悲愤精神感染。等到秦王邀请高渐离进宫时，既想听高渐离击筑，又不想宽恕高渐离和荆轲是好朋友的罪名，所以让人弄瞎了高渐离的眼睛。即便是双目失明，高渐离也不忘刺秦的使命。在一次击筑时，感觉到秦王靠近，高渐离便用灌了铅的筑掷秦王，因为眼睛看不见，没有投中，反而被秦王杀死。从此秦王不再接近六国之人。荆轲和高渐离一起铸成了一股反对强秦的力量。其人虽已逝，其精神却不朽。

教育启示

（1）"智伯以国士遇我，故我以国士报之。"这样的投桃报李相比忘恩负义、过河拆桥、落井下石不知要高尚多少倍。豫让感激智伯的礼遇，所以执意报恩。他把自己弄哑毁容，甚至在临终前还要在赵襄子的衣服上刺三刀权当替智伯报仇，这种行为让人感动。

（2）不以成败论英雄，而以精神比高下。荆轲刺秦是六国以弱小抗击强暴的反抗精神的体现，还因此掀起了一股反秦的潮流。在荆轲刺秦失败之后，还有高渐离刺秦的尾声。这股反抗残暴秦国的潜流从此之后并没有停止，高渐离之后又有张良等人去刺杀秦王。这种知其不可而为之的举动，才是真正的英雄所为。正是荆轲、高渐离的反抗精神鼓舞着后人继续战斗，同时也让秦王对六国之士心有余悸。这也体现了太史公的历史观：不以成败论英雄，而以精神见高下。

自助银行

刺客们之所以愿意献出自己的性命，因为"士为知己者死"，具有感恩之心。今天当然不用为知己去死，但是常保感恩之心还是很重要的。拥有感恩之心，让人能增添一种幸福感和自我认同感，不至于产生过于悲观消极的情绪。因为感受到了幸福、快乐、帮助、温暖而感恩。感恩他人，其实是悦纳自我的表现。另外，评价成就，不宜以成败论英雄，不是结果评价，而是过程评价，精神评价，以精神论高低。教育孩子感恩生活，去除强烈的功利心，获得真正的纯粹的快乐和自我认同。

案例 1

要有感恩之心，曾经获得的别人的帮助要经常挂在嘴上，曾经帮助过别人要忘了它。周星驰曾经有过七年的演艺低迷期，无人赏识，只能在一些影片里跑龙套，前途一片黯淡。是香港著名影星兼导演李修贤发现并培养的他，周星驰火了之后，因为在李修贤的公司没有自己合适的角色，于是离开了恩师的公司，但是他无论在什么场合对李修贤都表示感激，在2001年获得金像奖最佳导演时，在获奖感言中依旧特别向李修贤致谢。而李修贤却因为曾经栽培过周星驰，心里老是放不下，不愿意他去别的公司出演合适的角色，对周星驰离开自己的公司表示不满，大骂周星驰忘恩负义，这其实就有些看不开，不能放下自己对他人的恩德。教育孩子也要这样，多惦记人家对自己的好，少记自己对他人的好，宽厚待人。

案例 2

不以成败论英雄，而是要享受过程中的精神收获。带孩子参加竞技比赛，看球赛等都要有这样的认识。这样才能在其中有更深的体悟，因为用成败去衡量是最简单也是最没有思考的评价方式。有一位妈妈发现自己的孩子特别输不起，不论做什么，都不愿意输，只要输了就大发脾气，不吃不喝。她非常头疼，心想人一辈子怎么会永远是赢者呢。于是她让孩子去学习打网球，让教练去训练他，一有比赛儿子就会输，一输就郁闷，但是在输中老师也肯定了他的进步，他也明白了输赢并不是最重要的，反而敢于去挑战权威，敢于去接球，敢于去面对失败。如今，这个儿子变成了一位自信、勤奋、爱好网球的阳光男孩。

教育箴言

轲自知事不就，倚柱而笑，箕踞以骂曰："事所以不就者，必得约契以报太子也。"

　　翻译：荆轲自己知道事情没有成功，靠着柱子大笑，又开腿骂（秦王）道："事情不成功的原因，就是一定要（活捉你）得到契约来报答太子。"

　　提示：竭尽所能，事情不成功也不颓丧，依然笑对人生。

5. 借用他人智慧也是一种智慧

——读《项羽本纪》《高祖本纪》的教育启示

我带着学生读《项羽本纪》和《高祖本纪》时，会进行以下讨论：你欣赏谁？你如果是当时的士，你会投奔到谁的门下？结果很有意思：十年前的学生绝大多数欣赏项羽，但是会投奔到刘邦门下。理由是，项羽是真性情，欣赏其英雄气概，而刘邦会不吝官印，投奔刘邦会发达。而最近十年的孩子却不同，他们绝大多数两人都不欣赏，因为刘邦、项羽都有很大的缺点，自己更愿意投奔自立门户的韩信或另外的英雄，改变刘邦和项羽的缺点，建立自己的江山。这个区别很有意思，可以看出现在的孩子更有自己的想法，更愿意拥有完美的人格。

年年讨论，年年都有新意。意大利作家卡尔维诺说过："经典就是我们一直在一读再读的书，而且每一次读都像在读新书。"《史记》就是这样的经典。项羽是性情中人，虽然性格缺点分明，却还是让人欣赏不已。刘邦则是世故之人，比起年轻的项羽，丰富的阅历赋予了他老辣和智慧，有时流氓习气十足，却也让人佩服。在政治上，刘邦赢了；在人格上，项羽赢了。太史公用"互现法"写这两篇文字，情趣盎然。

（1）出场不同凡响。两人都是志向高远之人，项羽冲动直率，刘邦稳重冷静。

秦始皇帝游会稽，渡浙江，梁与籍俱观。籍曰："彼可取而代也。"梁掩其口，曰："毋妄言，族矣！"梁以此奇籍。（《项羽本纪》）

高祖常繇咸阳，纵观，观秦皇帝，喟然太息曰："嗟乎，大丈夫当如此

也!"(《高祖本纪》)

两人都有当帝王的宏图远志。项羽说得很直白,直言秦始皇可以被自己取代,吓得叔父项梁赶紧捂住他的嘴,不让他乱说;刘邦呢,就只说大丈夫应该这样,说得比较模糊,没有说自己要这样,但言外之意其实也一样。这也符合他们的性格和年龄。项羽更像多血质,年轻人稚气犹存,心直口快,心无城府;刘邦则稳重冷静,藏而不露。

(2)两人都是英雄,项羽相信自己是英雄,无人能敌;刘邦因人成事,处处示弱。

项羽的父亲早早去世,他由叔父项梁带大,项梁教他读书,他不读,教他学剑,他不愿,项梁很生气,项羽说:"书足以记名姓而已。剑一人敌,不足学,学万人敌。"后来他就跟着项梁学兵法,略知其义,也没有坚持学完,但项羽力能扛鼎,武艺高强,颇懂兵法,杀"卿子冠军"宋义,夺取兵权;破釜沉舟,打败章邯。在项羽看来,攻打秦朝,势如破竹,他不觉得自己需要他人的帮助。陈平、韩信都曾为项羽手下,可惜在项羽这里无用武之地,最后反都成了攻打项羽的主要谋士。亚父范增,力谏项羽杀掉刘邦,项羽迟疑不决。自诩英雄的项羽,只是一味地相信自己,师心自用,甚至在最终东城快战时,依然"今日固决死,愿为诸君快战,必三胜之,为诸君溃围、斩将、刈旗,令诸君知天亡我,非战之罪也",还是直言快语,以单对多,杀伐酣畅,完成了人生的谢幕表演。

而刘邦则不同,他在很多时候仿佛没有主意,最爱说"为之奈何",意思是"怎么办呢",总给人一种可怜相。而事实上,刘邦并不是真的那么愚笨,他是故意示弱,让谋臣出主意,自己判断如何做。正是这种"示弱"让谋臣们很有存在感,也愿意积极建言献策,所以在项羽那里无用武之地的陈平却能为刘邦六出奇计,屡建奇功。

(3)对于百姓,项羽是真心怜惜,宁愿和刘邦单挑,以求速战速决,解民众于水火,可见其赤子之心;刘邦则不愿和项羽单挑来结束战争,而是利用民心,在持久战中寻找胜利的机会,可见其老辣。

在项羽和刘邦相持不下时,项王谓汉王曰:"天下匈匈数岁者,徒以吾两人耳,愿与汉王挑战决雌雄,毋徒苦天下之民父子为也。"汉王笑谢曰:

"吾宁斗智，不能斗力。"

项羽想单挑，刘邦不同意。项羽一生气就一箭射中刘邦的胸口，刘邦却赶紧捂住脚趾假装脚趾受伤，这个被射中胸口却捂住脚趾的决策确实是一个非常智慧的决策。

（4）对于女人，项羽是真的不舍，垓下兵败担心虞姬的命运，是英雄的多情；刘邦危难之际，不顾吕后和儿女，是政治家的无情和果敢。

项王军壁垓下，兵少食尽，汉军及诸侯兵围之数重。夜闻汉军四面皆楚歌，项王乃大惊曰："汉皆已得楚乎？是何楚人之多也！"项王则夜起，饮帐中。有美人名虞，常幸从；骏马名骓，常骑之。于是项王乃悲歌慷慨，自为诗曰："力拔山兮气盖世，时不利兮骓不逝。骓不逝兮可奈何，虞兮虞兮奈若何！"歌数阕，美人和之。项王泣数行下，左右皆泣，莫能仰视。

这段文字细腻传神，很有感染力，读来让人黯然神伤。项王在听到四面楚歌，感觉必败之时，连夜起来和虞姬诀别：虽然我力气无人能比，但是无奈时运不好，现在我要如何处理我心爱的马儿和心爱的女人啊？一代霸王，自身已是难保，却还在为虞姬着想，至今读之仍让人动容。

对比之下，刘邦在危难之际，几次三番把妻儿推下车等做法既无赖又无情。有人说，政治家落魄之际，自身才是最重要的；只有狠得下心来，才能取得真正的成功。但是与项羽的磊落相比，刘邦的格调确实不是英雄所为。

（5）对于生命，项羽信仰的是宁折不弯，誓死不屈；刘邦却是苟且偷生，待机而发。

"项羽之死"是《史记》中一等的文字，写出了项羽无颜见江东父老的愧疚，自刎以头赠故人的慷慨。项羽宁为玉碎不为瓦全的英雄气节，浩然充塞在天地之间。相比之下，刘邦则是无数次苟且偷生。刘邦和项羽共尊怀王，约定联合抗秦，其实就是"兄弟关系"，是平辈。但"鸿门宴"上，刘邦亲自去鸿门谢罪，说："臣与将军戮力而攻秦，将军战河北，臣战河南，然不自意能先入关破秦，得复见将军于此。今者有小人之言，令将军与臣有郤。"两句话里三次称"臣"，卑微到了尘埃里；再加上有刚刚认的兄长"项伯"相助，这才保全一条命。

于是汉王夜出女子荥阳东门被甲二千人，楚兵四面击之。纪信乘黄屋车，傅左纛（大旗），曰："城中食尽，汉王降。"楚军皆呼万岁。汉王亦与数十骑从城西门出，走成皋。项王见纪信，问："汉王安在？"曰："汉王已出矣。"项王烧杀纪信。

荥阳之围中，刘邦危在旦夕，他让纪信坐自己的车，假装成自己，带着由女子披甲带铠化装成的两千士兵出城门投降，自己却从西门逃跑，最后纪信被项羽烧杀。靠牺牲手下和女人来换取自己的安全，此举也实在为人所不齿。

（6）对于人才，项羽是礼遇有加，却又吝啬金银和官职；刘邦则是时常侮辱谩骂，但不吝赏赐。

高起、王陵说："陛下慢而侮人，项羽仁而爱人。然陛下使人攻城略地，所降下者因以予之，与天下同利也。项羽妒贤嫉能，有功者害之，贤者疑之，战胜而不予人功，得地而不予人利，此所以失天下也。"

此处说项羽虽然仁而爱人，但是臣子战胜了不给功劳，臣子得地了不给赏赐。《淮阴侯列传》中韩信也说过，"至使人有功当封爵者，印刓敝，忍不能予"，项羽把官印都磨平了也舍不得给臣子。

再看刘邦。郦食其有一天去游说刘邦，进去时，刘邦正叉开腿坐在榻上让两个女子替他洗脚。郦食其进来，刘邦既不让婢女回避，也不改变他那个不礼貌的"踞"的动作。郦食其曰："足下必欲诛无道秦，不宜踞见长者。"于是沛公就起身整理衣服向郦食其道歉，因为郦食其的计策好，刘邦就封他为广野君。

高祖得了天下后，封赏功劳很大的"汉中三杰"萧何、张良、韩信。从资历来说，萧何的资历最老，从沛县起兵就自始至终跟着刘邦。张良稍晚，刘邦入蜀后，张良教刘邦烧了栈道，就离开了刘邦去辅佐韩王成。楚汉争霸时，项羽杀了韩王成，张良又回到刘邦处。韩信最晚，在汉中才加入刘邦集团。论军功，韩信功劳最大。论功行赏，韩信被封为楚王，张良被封为留侯，萧何被封为文终侯，食邑达到两万户。张良封赏最低，是因为张良持功成身退的道家思想，自己不要万户侯。

（7）对于降卒，项王残暴，到处树敌；刘邦利用仁义，笼络民心。

我们看这段文字：

于是楚军夜击坑秦卒二十余万人新安城南。

项羽闻之，乃引兵去齐，从鲁出胡陵，至萧，与汉大战彭城灵璧东睢水上，大破汉军，多杀士卒，睢水为之不流。

项羽引兵西屠咸阳，杀秦降王子婴，烧秦宫室，火三月不灭，收其货宝妇女而东。

项羽"坑二十万""多杀士卒，睢水为之不流"，有人劝他不要定都彭城，说他是戴帽子的猴子，他就把游说的人"烹"了，项王的残暴，让秦地百姓、汉军将士都对项王恨之入骨，由此丧失了民心。

而刘邦在进了咸阳后，则对百姓特别仁义，和百姓"约法三章——杀人者死，伤人及盗抵罪"。不扰百姓，百姓大喜，争着拿食物去犒劳军队，刘邦坚决推辞不接受，说自己仓库里的粮食充足，无需老百姓费心。老百姓更加高兴，唯恐刘邦不做关中王。这和项羽完全相反，秦地百姓人人与项羽为敌，因为几乎家家有人被项羽坑杀。项羽进咸阳后，火烧咸阳宫室，火三月不灭，人们怨声载道。

（8）年龄上，刘邦生于公元前256年，项羽生于公元前232年，刘邦比项羽大24岁。

公元前206年楚汉战争发生时，刘邦50岁，可谓老矣；而项羽尽管已成为一统江山的西楚霸王，年龄却只有26岁。项羽可称作"项郎"，可刘邦"出道"即是老奸巨猾的"刘叔"。如果从年龄的角度去看待刘叔的成功，就会觉得有些以大欺小，胜之不武。对比当今20多岁的年轻人，我们真的没有资格轻视项羽，我们会做得比项羽好吗？因此，在这场年轻的真性情对阵中年的世故的较量中，其实没有赢家，也没有输家。项羽得英雄气概，牺牲了江山；刘邦得帝王谋略，丢掉了赤诚。

教育启示

（1）读书让人褪掉稚气，走向成熟。《项羽本纪》的开篇就提到项羽不愿读书，认为书足以记名姓即可，其实不然。"坑灰未冷山东乱，刘项原来不读书"。不读书，项羽没有那么多的顾虑，敢于去起义。但是，不读书，也让项羽率直有余，城府不足，稚气犹存，谋略不足。比如，他在占领咸阳后，烧咸阳宫，定都彭城，杀掉楚怀王，引起天下公愤；在和汉王以鸿沟为界分治天下后，对刘邦毫无戒备之心，沽名钓誉，自以为强盛无比，最后落得乌江自刎，等等。读书可以改变气质，可以褪掉稚气，有前车之鉴，人就会冷静和理智得多。也许正因为项羽不读书，不懂得民心向背的道理，他对身边的人关爱备至，对敌人对降卒残暴无比，动辄坑杀之。而刘邦显然是很懂得这些的，和咸阳百姓约法三章，笼络了民心。

（3）学会"借力"才能成功。也许有人会问，刘邦也没有读书啊，他为什么就可以成功呢？因为刘邦知道自己"无力"，虽不读书，但知道"借力"，知道借助读书人的智慧。刘邦身边有萧何、张良、陈平、曹参等人，萧何进咸阳就搜集人口地图资料；张良钻研《太公兵符》，深通黄老哲学；陈平屡出奇计。而项羽自视甚高，有一范增而不用，以至于兵败自刎。《劝学》中说："假舆马者，非利足也，而致千里；假舟楫者，非能水也，而绝江河。君子生非异也，善假于物也。"刘邦大概是不会背这段的，但他确确实实做到了"善假于物"，善于利用他人的才华来弥补自己的不足。

自助银行

刘邦没读书没文化却战胜了出身贵族、读了不少兵书战策的项羽，其原因是刘邦知道自己没文化从而任用有文化有本事的人，而项羽则刚愎自用，排挤其他有本事的人。所以，学会学习需要智慧，领导借助学会学习的人、借助别的学科也是一种大智慧，就如同丘成桐先生借助文史哲从而在数学上获得成就，印奇借助三人团队从而攻克人脸识别的顶尖技术难题。

案例 1
著名华裔数学家，数学最高奖菲尔兹奖获得者丘成桐先生把自己的成就归功于父亲早年对自己的文学、历史、哲学的熏陶。他提到文史哲给了他一种研究的无功利状态。他说："我从历史中吸取做学问的经验，从文学和现实生活中得到做学问的意境和激情。每个学者走不同的道路，但是做好的学问却不能缺乏激情！"丘成桐的父亲丘镇英，日本早稻田大学政治制度与政治思想专业毕业生，1949年携全家迁居香港，教书养家，薪水微薄，家里负担重，生活艰难，但他从来没有放松对孩子的教育。丘成桐10岁时，父亲要他念唐诗宋词，背诵古文，还指导他学习《红楼梦》中的诗词，提醒他阅读鲁迅、王国维、冯友兰等作家的作品，长期积累养成了他文学阅读的爱好。他的父亲喜爱和学生们在家里谈哲学：禅宗、孔孟程朱、王阳明甚至西方哲学。幼小的丘成桐常坐一边兴奋地聆听，这种哲学思维训练、抽象思维启蒙，为他的成长奠定了坚实的基石。父亲还指导他读《史记》和《汉书》。丘成桐说，文史哲的阅读爱好让他能保持在数学方面研究的激情和持久的坚韧。让他懂得做学问也要"标心于万古之上，而送怀于千载之下"，于是再难攻克的难题也要坚持攻克下来。正是这份激情和坚韧让他获得了数学方面的巨大成就。所以看似数学研究和文史哲的学习没有关系，其实关系密切，丘成桐从中获益良多，他研究的动力、持续的坚韧都是文史哲赋予他的。因此学习不能像项羽一样太功利，"剑一人敌""书记名姓而已"，而要从书中获得多种体验、多样启迪和人生智慧。

案例 2

借力他人的智慧，靠团队取胜。旷视科技公司的三极客堪称互相借力，团队合作成功的典范。清华毕业生杨沐、印奇、唐文斌被称为旷视科技三极客，他们三人都毕业于清华大学姚期智实验班，在这个班里，这些天之骄子没有互相嫉妒，而是互相学习，互相借力，2012年他们三人合作设计了一款游戏《乌鸦来了》，获得了巨大成功。后来他们看到人工智能的远大前景，就回归到技术本身，充分发挥三人在技术上的专长，唐文斌专攻图像搜索，印奇长于视觉识别，杨沐长于数据挖掘，三人优势互补，强强联合，依托技术优势，创立自己的技术王国、商业帝国——旷视科技。如今他们获得了巨额融资，他们的视觉识别技术已经领先世界，印奇也因此成为亚洲 30 岁青年创新人物的领袖。

　　如果刘邦、项羽处于当今社会，说不定也会合作，刘邦的老谋深算、项羽的意气风发都融于一个团队中，那又会是怎样的场景呢？

教育箴言

　　吾宁斗智，不能斗力。

　　翻译：我宁愿跟你较量智力，不愿意跟你较量力气。

　　提示：教育是智慧的较量，不是体力的较量，且不可把教育的艺术变成了纯粹的体力劳动。

第四辑　见贤而思齐，闻过而自新

培养孩子心中有先贤，

闻善则喜，有过能改。

1. 不怕犯错，就怕没有反省的习惯

——读《管晏列传》有感

太史公在《管晏列传》中这样说晏婴，"余虽为之执鞭，所忻慕焉"。晏婴有着怎样的作为，竟然让太史公如此仰慕甚至愿意一生追随？而太史公在为晏婴所写的文字中，却没有写他的丰功伟绩，仅仅写了他的三件小事，那么太史公又为什么只给自己如此钦慕的政治人物记三件小事呢？

我们来看太史公写了哪三件小事：第一件是解救越石父；第二件是举荐听取贤妻建议的车夫；第三件是伏齐庄公尸体痛哭。在太史公笔下这三件事情为什么比晏婴治国的事迹更为重要呢？

第一件事情是说晏婴是个节俭之人，他虽为齐国之相，却吃饭没有两个肉菜，妻妾从来不穿丝帛的衣服。而当他在路上看到披枷带锁在服劳役的犯人越石父时，就毫不犹豫地用自己马车左边的马赎回了越石父，并用车把他载回家。但晏婴把越石父带回家后就不管他了，又显得对越石父不是很尊重。越石父便请求和晏婴断绝来往，离开晏子。晏子很惊讶，说："我晏婴虽然不是很棒，但是也把你从困厄中救出来了，你怎么要这样决绝地离开我和我绝交呢？"石父说："不是这样的。我听说君子在不了解自己的人那里受委屈不是受委屈，而在了解自己的人那里应当获得信任。当初我被人捆绑时，他们不了解我，您既然已经意识到我的重要赎我出来，就是我的知己了。是知己却对我不尊重（把我带回就不理我了），那我还不如再被人绑着呢。"晏子于是把石父尊为尊贵的客人。

这件事，太史公究竟刻画了晏婴的什么呢？感觉其对越石父用的笔墨比晏婴还多。仔细观察可以看出，晏婴很会相人，为了人才不吝啬财物。从越石父后来要离开的举动和言论可以看出越石父确实不是一个简单的人。晏婴知人，还能在听到越石父的控诉时反省自我的过错，这是多么难能可贵。一个上位者有时很难眼睛向下看，何况留意到披枷带锁服劳役的犯人有才能，还能有时间来听这个人发牢骚，最后还改正了自己不礼贤下士的过错。晏婴对在大街上碰到的一个披枷带锁服劳役的犯人尚且如此，对政治上有才能的人如何就可想而知了。

第二件事说的是晏婴和他的车夫的故事。做晏婴的车夫也许是幸运的，车夫自己也感觉很荣耀，所以跟着晏婴出去时，车夫驾着他的马车，高头大马，配着大大的车盖，可谓意气扬扬，得意之极。车夫家可能临街，家里有个贤惠而且有见识的妻子，妻子在门后隔着门缝看到丈夫得意的样子，等丈夫回去之后，妻子就请求和丈夫离婚。丈夫很意外，问为什么？妻子很生气地说："晏子身高不满六尺，任齐国之相，在诸侯中名气很大。今天我观察他出去时，志向深沉，谦卑有礼，一点也没有得意的样子。可是看你呢，你身高八尺，只是当人家的车夫，却觉得志得意满，傲气无比。所以我请求和你离婚。"

丈夫非常惭愧，向妻子承认了自己的错误，从那以后就再也不趾高气扬了，注意自我克制，也呈现出谦卑之态。晏子发现了车夫的变化，觉得很奇怪，问车夫是怎么回事，车夫就把妻子的教导告诉了他，于是他推荐车夫做了齐国的大夫。

这件事，就更像车夫的传记了。但是仔细一看，车夫由趾高气扬变得谦卑有礼，晏婴都留心看到了，还询问是什么促成了他的改变，从这可以看出晏婴观察之细。路上的囚犯，身边的车夫，无人不在他的眼里，可谓能知人矣。更可贵的是，他还能向上举荐，一个政治家自身的政治作为固然重要，但发现并举荐人才也应该是很重要的。这就难怪太史公也愿意做晏婴身边的车夫了，有一个人能时时关注自己的成长，能肯定自己的优点，随时愿意举荐自己，这难道不就是太史公心目中的荐贤举能的政治家的形象吗？

第三件事，其实只用了一句话描写："方晏子伏庄公尸哭之，成礼而去。"而评价有两个长句："岂所谓'见义不为无勇'者耶？至其谏说，犯君之颜，此所谓'进思尽忠，退思补过'者哉！"庄公之死是怎么回事呢？这是一段不光彩的历史。齐庄公和齐国权臣崔杼的妻子私通，一日被崔杼发现，被崔杼杀死在自己的家里。这件事情很棘手，一方面是君主死得太不光彩了，另一方面权臣崔杼气焰太嚣张，居然杀死了君主。所以很多臣子都噤若寒蝉，不知道怎么做。而晏婴不同，他走到崔杼的家里，趴在齐庄公尸体上痛哭，完成君臣之礼后离开。这让崔杼对他敬重不已。太史公认为这是见义而为之勇。臣子进入朝堂要想如何尽忠报国，退到家里要反省自己的过错，这样的人才是贤臣，才是圣人。"进思尽忠，退思补过"，进思尽忠为国选取贤才，有才能的囚犯、车夫都能被发现；君主被杀，敢于伏尸痛哭，行君臣之礼；而向越石父承认错误则是退思补过的体现。进退之间晏婴时时处处在自我完善。这和北宋范仲淹的"居庙堂之高则忧其君，处江湖之远则忧其民"有异曲同工之妙。

教育启示

（1）"进思尽忠，退思己过"，这是贤臣的标准。这三件小事中有坚持君臣之礼之义，有不惧权贵之勇，有犯颜直谏之忠，有识路人才华之明，有举贤任能之实，更有见贤补过之行。晏婴留意观察，无论是路上身陷缧绁的犯人，还是卑微的车夫，他都可以发现他们的才学卓异之处，这就是"进思尽忠，退思己过"的修身工夫。《大学》有言，"自天子以至于庶人，壹是皆以修身为本"。教育最重要的不是教授知识，而是帮助形成反省和思考的习惯。晏子的厉害不仅在于他的贤明，还在于他有时时反省的习惯，因此自我就会越来越强大。历史上的伟大人物之所以伟大，和他有很强的内省智能密切相关。比如法国思想家卢梭的《忏悔录》就是他内省的结晶。内省，让人改正不足，日臻完善。教孩子形成自省的习惯，就等于给孩子找了一位时时在身边督促自己的导师，只是这个导师不是别人，恰恰是他自己。

（2）见微可知著，细节见高下。看人要看细节处，看官员要看台下日常处。太史公写晏婴，不写他的大事情，却写三件小事，正是证明了这一道理。看官员也不是看他在主席台上的发言如何，而是要看他在台下时、在日常生活中、镜头之外还能不能注意修身，有没有"慎独"的能力。我们做父母的要教孩子学会听其言而观其行。

《教育——财富蕴藏其中》中提到终身教育的四根支柱是学会共同生活、学会认知、学会做人、学会做事。学会认知就需要对自我有正确的认知，需要学会判断他人，这样才能学会做人做事，学会共同生活。因此，光学会知识是远远不够的，自知自省、见微知著都是必不可少的素质。

案例1

判断一个人是不是值得交往是需要下点功夫的，很多父母在这一点上也颇为苦恼，不知道如何为孩子找到人品好且志趣相投的朋友。关于这一点，《论语》中曾说："视其所以，观其所由，察其所安，人焉廋哉？人焉廋哉？"就是说，观察一个人，要看他平常做事的方式，观察他的经历，留心他的本性志向和目标，这样综合起来观察人，一个人的本性怎么还可以隐藏得住呢？《史记·管晏列传》体现的正是这样的看人方法，在细节中观察人。比如一位妈妈告诉她的女儿，妈妈当初是如何选定爸爸的：他除了上进，有志气，孝顺父母外，还有独有的一条，他在没有人的时候也是严格要求自己，人前人后修身如一，能做到慎独，就不会学坏，不会轻易放弃自己的诺言，有安全感，可以托付。

案例2

周恩来总理就是一位特别注重细节的人。1965年8月，非洲某国元首结束对华访问离开上海回国。周恩来陪同外宾步入机场，并在欢送队伍前绕场一周。突然，乌云蔽日、雷声隆隆、狂风大作。客人刚登机，大雨便倾盆而至。由于雷雨交加，专机不能马上滑向跑道，送行的人群就驻足目送，此时的周恩来总理就像完全没有感到下雨一般，纹丝不动地站在机前，全身湿透。见总理如此，欢送的群众也没有走，在风雨里仍一直保持着热烈的欢送氛围，保持着送行的礼节，充分展示了友好情谊。送走外宾后，周恩来专门安排，给工作人员和欢送群众准备了热腾腾的姜汤驱寒。这些细节展示了一位总理的仁爱品质。一国总理，对内对外，细致如斯，郑重至此，感人肺腑。

吾闻君子诎于不知己而信于知己者。方吾在缧绁中，彼不知我也。夫子既已感寤而赎我，是知己；知己而无礼，固不如在缧绁之中。

翻译：我听说君子在不了解自己的人那里受委屈不是受委屈，而在了解自己的人那里应当获得信任。当初我被人捆绑着时，他们不了解我，您既然已经意识到我的重要赎我出来，就是我的知己了。是知己却不尊重我，那我还不如再被人捆绑着呢。

提示：我们要教育孩子，对待自己的亲人和朋友要因了解而更加尊重对方，切不可因理解熟悉而无视对方，以致受伤的总是最亲近的人。

2. 纵使别人不把你当长城，也不能自毁长城

——《魏公子列传》中的教育智慧

魏公子无忌是一位具有君子人格的人物，也是太史公最喜欢的人物之一。《魏公子列传》一文，"公子"一词一共出现 147 处，可见作者对魏无忌的尊敬和钦佩。读完这篇文章，我总是被魏无忌的人格魅力吸引，即便合上书卷，也会脑海中慢慢勾勒出他的模样，虽然五官不是很清晰，但是挺拔的英姿、急人之困的豪气、指挥若定的风度总是挥之不去。

魏公子的君子风骨体现在哪里呢？

魏公子仁而下士，谦逊待人。魏公子是魏昭王的小儿子，魏安釐王异母弟，在嫡长子继承制的战国时期，魏公子是没有继承权的。安釐王即位，封公子为信陵君。魏公子为人仁爱而且礼贤下士，从来不会凭借自己的富有和高贵在门客面前流露出一丝一毫的骄傲。他的仁爱和礼贤下士吸引了三千门客，门客中有地位低微的大梁东门看守——侯嬴，也有赵国卖浆者毛公和博徒薛公。最能体现他礼贤下士的就是和侯嬴的交往了。

公子听说侯嬴贤能，于是派人带着丰厚的礼物去请，侯嬴不接受，说自己保持高洁的修养品行几十年，不能因为当看守贫穷而接受公子的钱财。公子知道侯嬴非等闲之辈，必须亲自拜访，而且要在家大宴宾客，隆重介绍，于是请来了宾客，在大家都坐定之时，亲自驾车带着随从来到侯生家里，请侯生去赴宴。侯生整理了一下自己的衣服，径直坐上了公子空出来的上座，一点都不推辞，想看看公子是不是真是那样礼贤下士。公子手拿缰绳，姿态更加恭敬。侯生这时又对魏公子说要去拜访一下自己的朋友朱亥。要知道此时公子家里满堂宾客正等着他把今天的贵宾请回去举酒开席，但公子二话没

说亲自驾车进入闹哄哄的市场中卖肉的地方。侯生下车看望自己的朋友朱亥，斜着眼睛打量着公子，故意一边和朋友说话，一边观察公子的神色，只见公子的脸色越来越温和。而这个时候，市场上人来人往，熙熙攘攘，大家看到堂堂公子站在市场中央亲自握着缰绳恭敬地等着侯生，市场中的人及公子的随从们都暗暗在心中骂侯生。侯生看着公子的脸色始终不变，于是就辞别朋友上了车。到了家里，公子请侯生坐到上座，一一给宾客介绍，所有来宾都特别惊讶：今天特意等了一天就等来了一位看门的老头儿。大家喝酒正在兴头上时，公子起身给侯生敬酒。于是侯生对公子说："我今天为公子做得也已经足够了。我只是一个东门的看门老头儿，而公子却亲自驾车来接我，我这时不应该再出去拜访，而今天我故意去拜访我的朋友，是要成就公子您的名声。市场上的人都认为我是小人，而认为公子是忠厚长者，能礼贤下士。"

一个魏国的公子，亲自驾车去迎接一个看门的老头儿，还在市场中等半天，没有一丝不耐烦，而且还越来越恭敬；到了家里把老头儿列为上宾，遍赞宾客，还亲自敬酒。这种风度确实非一般人能达到。当然，如此之高的礼遇，公子不是另有他图，只是觉得侯嬴这人是个人才。而侯嬴确实也非一般人，第一，他见财货而不动心，觉得修身洁行比财物更为重要；第二，他投桃报李的方式与众不同，用一个小小的到市场见朋友的举动就让全市场的人知道了魏公子的美名。

后来，秦国攻打赵国，击溃赵国的长平军，活埋40万赵国士兵，邯郸危在旦夕。赵国平原君向魏王、魏公子求援。魏王派晋鄙带领十万军队去救赵。秦国威胁魏王，如果援助赵国，等打完赵国就来攻打魏国，所以晋鄙在邺地按兵不动，左右观望。这时赵国公子平原君给魏公子写信说："邯郸早晚要被迫投降秦国，公子您急人之困的美名体现在哪儿？"公子心里着急，要去救赵国，但是魏王不听。公子没有别的办法，不愿意单独活着而让赵国被灭亡，于是邀请宾客，准备了一百多辆车子，想带领门客一起奔赴秦军，和赵国一起灭亡。

赵国如果灭亡，魏国也会有危险，所谓"唇亡齿寒"。但是受秦国威胁，魏王不敢发援兵。魏公子劝说魏王未果，但他已经尽力，所以后面即便魏公子没有别的举动，应该也不会有人说他什么，毕竟派援兵不是魏公子的职权范围。可是，在自己没有办法的情况下，魏公子就打算和赵国一起赴死，而且还有几百名门客也要跟着魏公子去赴死，可以看出魏公子急人之困的名声确实不假。公子的门客为公子的人格所吸引，也愿意和魏公子一起去死。

这时侯嬴的特殊才能就体现出来了。侯嬴在公子和自己告别的时候只说："公子您加油啊，我老了就不跟着了。"公子走了几里路，心里想着不对劲："众人皆知，我对侯生如此尊敬关心，可是今天我就要死了，侯生竟然没有一言半语送我，难道我有什么过错吗？"是啊，侯嬴是个投桃报李、知恩图报的人，今天表现太反常了。于是魏公子赶紧掉头回去。侯生笑着说："我就知道您会回来。您看，全天下人都知道您喜欢养门客，但是碰到事情却不能拿出好办法来，只能去赴死，这有什么用呢？"公子拜了两拜，请求好办法。侯生支开他人给公子出了"窃符救赵"的计策。

魏公子有恩于魏王宠妃如姬，如姬能为公子偷得兵符，也愿意去替魏公子卖命，如果窃得兵符，再去夺晋鄙的兵权就容易了。但是晋鄙可能会不合作，不会很快交兵权，这样就必须杀死晋鄙。公子一听到要杀死晋鄙就不禁哭了起来，因为老将晋鄙实在是无辜。这正是公子的仁爱之处。而谁来杀死晋鄙呢？侯嬴早就准备好了，他就是侯生带公子去市场拜访的好朋友朱亥。公子在得到兵符后带领朱亥去夺取晋鄙的军队，侯生说："我应该跟着您的，但是我老了，请让我数着公子出发的日子，在您到达晋鄙军队的那天，我面向北自杀，来为公子送行。"侯生用自己的生命来为公子壮行，那么为什么不在公子出发的时候自杀呢？因为侯生担心公子在杀晋鄙时还是犹豫不决，所以他想在公子到达晋鄙军队的时候自杀以此坚定公子杀晋鄙夺军队的决心，如果公子觉得晋鄙不该死而犹豫的话，那侯生就白死了。后来，侯生果真在魏公子到达晋鄙军队的那天，用自己的生命帮助魏公子完成了窃符救赵的使命，这就是"士为知己者死"，也算是对魏公子仁而下士的最高报答了。

公子急人之困，不惜牺牲自己的性命，不惜得罪魏王，因为唇亡则齿寒。救赵，其实也就是救魏国，但是又确实触犯了魏国的法律。在杀晋鄙时公子的不忍心体现了他的仁爱，夺了军队后，他下令军中："父子俱在军中，父归；兄弟俱在军中，兄归；独子无兄弟，归养。"这是仁爱的带兵方法，看似只剩下了八万人，可是这八万士兵没有后顾之忧，是能够为魏公子去赴死的敢死队，战斗力更强。所以魏公子不是只有养士的名声，还有真正的军事才能，能带领军队打胜仗，是个伟大的军事家。魏公子仿佛魏国的长城，他在魏国，秦国不敢加兵于魏十余年。魏公子居赵国，秦国则又来攻打魏国。

魏公子居功不骄，深明大义。魏公子救了邯郸，存了赵国。赵国国君和平原君亲自到国界来迎接，平原君背着箭筒在前面开路，这是最高礼节。赵王感激魏公子打算把赵国的五座城池封给他，公子听后，脸上神色骄傲，这时他的门客提醒他："有些东西不能忘，有些东西不能不忘。别人有恩于你，你一定不能忘；你对别人有恩，请你一定忘了。而且您假装魏王的命令夺了晋鄙的军队，对赵国来说，您是有功劳的；对魏国来说，您就未必是忠臣。现在您有骄傲的神色，认为自己有功劳。我私下认为您做得不好。"于是公子立马自我反省。后来当赵王举行感谢大典的时候，亲自打扫台阶迎接，邀请公子走东台阶，公子却侧着行走，并且自降一等，从西阶上。他还承认自己有罪过，对不起魏国，对赵国也没有什么功劳。公子最终留在赵国，赵王把鄗封给魏公子做汤沐邑，魏国也把信陵封地重新封给了公子，公子却还留在了赵国。因为魏王虽然把信陵重新封给了公子，但是却并不欢迎魏公子回到魏国。

魏公子的门客很厉害，能指出他的问题，提醒他不能居功自傲。公子更是难能可贵，他立了这么大的功劳，有点得意也是人之常情。但是他却能在门客提醒后，立刻反省自己的过错，而且过而能改，避免了得意而骄的情况。

魏公子在赵国又找到了两位门客，博徒毛公和卖浆者薛公。因为与这两人结交，还和平原君发生了争执，但就是这两个人后来给魏公子提出了批评和建议。公子在赵国待了十年也没有接到魏王的邀请，没有回国。秦国知道公子在赵国，于是派兵攻打魏国。魏王担心魏国打不过秦国，于是派人请公子回国。魏公子对此很生气，觉得魏王之前不邀请自己回去，现在遇到危机了才想起自己，于是告诫门客说："有谁敢为魏王通报，我就杀了他！"宾客们都是背叛魏国来到赵国的，没有人敢劝公子回魏国。毛公、薛公两人去拜见魏公子说："公子您之所以被赵国重视，在诸侯中有名声，只是因为你背后有魏国啊。现在秦国攻打魏国，魏国告急，你如果都不顾念，那么假如秦国攻破大梁，踏平了您的祖庙，公子您有什么面目立在天下呢？"毛公、薛公的话还没说完，公子的脸色顿时变了，赶紧驾车回去救魏国。毛公、薛公的贤名确实不假，这一席话，顿时让魏公子从还停留在过去和魏王较劲的矛盾中超脱出来，顾全大局，意识到为魏国效力是自己的职责和本分。魏王把相印交给魏公子，魏公子以自己的号召力召集五国联军打败秦军，赶走了秦国大将蒙骜。公子威震天下，诸侯的门客纷纷进献兵法，最后写成《魏公子兵法》。

身为魏国的庶出公子，魏公子自己并无任何政治野心，但是因为个人能力太突出，让魏王实在是坐立不安，不得不提防。这时秦王抓住了魏王和魏公子之间的矛盾，使用离间计，魏王派人取代了公子的位置。公子赋闲在家，知道自己又是因为他人诋毁而被罢免了官职，于是称病不上朝，天天和宾客饮酒，纵女色，四年后喝酒生病而死。

在魏公子的君子之风中，我最有感触的是他礼贤下士的品质。尤其是"下"，尊重贤士，居于"士"之下，这是其一。其二是魏公子的眼睛能往下看，看到下层人士中的真正人才，也是这样的真正人才最终成就了魏公子急人之困的美名。侯嬴，东门看门的老大爷；朱亥，市场的屠夫；毛公，爱玩游戏的；薛公，贩卖米浆的，他们都是社会的底层人，但魏公子看到了他们的贤明之处。正是这些底层人士帮助魏公子完成了窃符救赵的使命，防止他功成而骄，阻止他不顾魏国的危难，避免他犯错误。这一点对我们当代教育的启示是：眼睛也要往下看，看到普通民众身上的光辉，见贤思齐，沉淀自己，发展自己。不妄自菲薄，也不自高自大，谦卑恭敬，做一个时刻向善的人。

教育启示

（1）急人之困，帮助他人其实就是帮助自己。太史公为什么如此深情地写魏公子及他身边的那些门客呢？魏公子身上优秀的品质确实可贵，比如急人之困，甚至能因急人之困而自己去赴死，这太让人敬重了。魏公子愿意为赵国的危亡去赴死，于是窃符救赵，保全了赵国，这为公子赢得了急人之困的美名，赢得了他人他国的尊重。所以后来秦国侵略魏国，魏公子回到魏国，大旗一挥，就聚集了五国联合部队，打败了秦军，救了魏国。因此，在别人困难时伸出援手，帮助别人其实就是帮助自己。教育当今的孩子时，尤其要提醒和强调这一点，因为他们在父母和老师的宠爱中长大，容易以自我为中心，缺少帮助他人的同理心。

（2）失意时应会韬光养晦，等待时机，但不能自暴自弃，自毁长城。魏公子需要学些退隐之道。公子为什么要纵情于酒色而自毁呢？安然享受生活，待时而动，不是很好吗？国家危难时，魏国还是离不开魏公子的。这么想，或能安享晚年，或能等到机会，魏王和魏公子同一年去世，如果公子不纵情酒色，不损伤身体，说不定新君登基还是要用魏公子呢。就算终究不被任用，也要好好生活啊，毕竟，生命的意义不光在庙堂之上，还可以在田园之间。所以，我们要提醒孩子们积极进取之态与黄老哲学的退守之学可以并存，进可率领百万雄师，退能侍弄三亩良田，这样才能应对坎坷的人生。

自助银行

如今的孩子在父母和家人的关爱中长大，是家庭的焦点和中心，所以容易形成以自我为中心，说话做事不顾及他人的感受，缺少一种悲悯和同情的心理。他们中有些会有我不愿意麻烦别人，也不愿意别人来麻烦我的心理，这时父母要告诉他们：关心帮助他人其实就是帮助自己。

案例 1

"合肥四姐妹"都是民国名媛，不仅家境优渥，长得漂亮，综合素养还好。叶圣陶曾说：谁娶了她们谁都最幸福。而培养这"合肥四姐妹"的妈妈陆英也极其不简单。她出身扬州盐商家庭，家财万贯，据说当初的嫁妆占了整条街，陪嫁的钱到陆英去世时也没有花完，她又退还给了娘家。她只活了 36 岁，一共生了 9 个孩子。她虽然早早过世，但她的孩子却教育得特别好，这得益于陆英对保姆的关照和教育。她们家有奶妈加保姆若干人，这些人在家里并没有主仆之分，吃好的都要分保姆一份。她还教保姆奶妈识字，保姆朱氏来给她梳头时，每天认陆英自制的 20 个方块字模。保姆们还要学数学，会算数，甚至有些还会做报纸上的趣味数学题。孩子们也要负责教自己的保姆认字和做数学题，互相竞赛。1921 年，陆英因拔牙时出血中毒，不治而亡。在临终时，她做了一件特别伟大的事情，她把 9 个孩子的奶妈和保姆叫到床前，给每人 200

元大洋，拜托她们无论这些钱够用与否，也不管有多苦多难，都要把孩子抚养到18岁。后来这些保姆都遵循了陆英的遗愿，对孩子们一直不离不弃，把孩子们抚养成人，甚至还给张家带外孙、孙子。陆英，这位伟大的母亲，她帮助教育保姆，其实是帮助教育自己的孩子。她的教育方法堪称典范。

案例2

"我的朋友胡适之"这是民国时期流传的一段佳话。胡适急人之困，慷慨解囊，林语堂、陈寅恪、李敖、季美林等人都受过胡适的资助。1919年林语堂顺利获得了一次留学美国的机会。当时学生留美，由"庚款"每月津贴80元。他还要把即将新婚的夫人廖翠凤一同带去。廖翠凤有1000块银元陪嫁，林语堂心想加上这笔钱应该差不多了。消息传到胡适那儿，他才从美国回来两年，对美国的生活水平了如指掌，80元每月勉强对付，如果再出点什么事，那就艰难了，不禁对林语堂的举动心生忧虑。他非常欣赏林语堂的才华，当时他正帮北大搜罗人才，于是心生一计，立即以北大的名义告诉林语堂，愿每月再资助40美元，只是有个条件，毕业回来后来北大任教。应该说这每月40美元对林语堂留学生活起了很大作用。林语堂也应诺，回来后加入了北大。胡适帮助林语堂的事，直到胡适逝世后，林语堂来胡先生墓地献花道出此事，胡适资助林语堂的事情才为世人所知，其实，这笔钱都是胡适自己出的。

教育箴言

物有不可忘，或有不可不忘。夫人有德于公子，公子不可忘也；公子有德于人，愿公子忘之也。

翻译：有些事情我们不能忘掉，有些事情我们不能不忘。别人对公子有恩德，您不能忘了。公子对他人有德，希望公子忘了它。

提示：提醒孩子们记住他人的恩德，让内心更幸福；忘掉自己对他人的恩德，让自己更谦卑。

3. 危难时刻方现英雄本色

——读《平原君虞卿列传》

　　有人认为，在战国四公子中平原君是能力最平庸的一个，对门客并无识人之明：毛遂，为他请来楚国援兵，在他门下三年，他都没有看出毛先生的本事；李同，为他出主意坚持抵抗秦国直到援兵到来，在此之前，也从来没有引起过他的注意；毛公、薛公、赵国隐士、魏公子屈身结交，平原君还笑话魏公子，可后来就是此二人建议魏公子回魏国抗击秦兵。而平原君关注的人呢，他挑选出来出使楚国的19人都是庸碌之辈，只会因人成事。他当赵国的相多年，廉颇被罢，赵括被任命为将军，他却没有进谏阻止，等等，可见他是多么平庸的一个人。那么太史公写他的意义何在呢？在《太史公自序》中，太史公说："争冯亭以权，如楚以救邯郸之围，使其君复称于诸侯，作《平原君虞卿列传》。"可以看出，平原君身上还是有非常好的品质的——忠于自己的国家，善于采纳他人的建议：一是听从毛遂的自荐，带领毛遂出使楚国，从而完成联合楚国抗秦的任务；二是听从李同的建议，把家里的财产拿出来组织敢死队抗击秦国。

　　毛遂自荐的故事，几乎是妇孺皆知。但是，李同这个人物在《战国策》中并无记载。李同是邯郸国宾馆小吏的儿子，名不见经传，名字叫"谈"，因为要避太史公父亲司马谈的讳，故作者称他为李同，即"姓李，和我父亲同一个名"。平原君带领毛遂等人完成联合楚国的任务，回到赵国邯郸，这时春申君带领的楚国援军、魏公子带领的魏国晋鄙军队还在路上。而秦兵围困邯郸，邯郸即将投降秦军。平原君头疼却束手无策。国难当头，此时这个小小的邯郸传舍小吏的儿子挺身而出。燕赵多慷慨悲壮之士，说的就是这样的人吧。以下是他们之间的对话：

李同：您不担心赵国灭亡吗？

平原君：赵国灭亡了，我赵胜就成秦国的俘虏了，为什么我不担忧？

李同：邯郸的百姓，现在以人骨当柴烧，交换孩子当饭吃，可以说是危急至极。可是您的后宫姬妾数以百计，侍女身穿绸缎，好东西吃不完，老百姓却粗布衣服破破烂烂，每天吃糠咽菜。老百姓困顿不堪，兵器都用光了，只能砍下木材当兵器，而您家却歌舞升平，娱乐如常。假如秦国灭了赵国，您还能这样吗？假如赵国得以保全，您还担心自己没有这些吗？假如今天您能把夫人以下的妇女都编进队伍中，也承担一份职责，尽一份义务，把家里所有的财产拿出来分给百姓，在国家危难之际一点恩惠就可以让百姓感恩戴德，以死报效啊。

平原君：好，就按您说的办。

看到这段，我心里特别敬重李同，他虽然不是国家的正式官员，但是真正做到了"国家兴亡，匹夫有责"。这份胸怀、见识，远在很多达官贵人、王侯将相之上。平原君虽然庸碌，但关键时候能听从这样的仁人志士的良言相劝，所以注定要在历史上留下一笔。

于是平原君从之，得敢死之士三千人。李同遂与三千人赴秦军，秦军为之却三十里。亦会楚、魏救至，秦兵遂罢，邯郸复存。李同战死，封其父为李侯。

正是民间发起的这份力量，震惊了秦军。这三千敢死的勇士，不属于国家正式部队，他们中估计还有很多未成年人、老人甚至妇女（因为长平之战，赵国的壮丁基本上被活埋）。而平原君毁家纾难的行为激发了百姓保家卫国的热情。当他们把生死置之度外，用自己的身躯铸成赵国的城墙时，素以敢死勇战的秦兵也战栗了，为之撤退30里。正是这种精神，鼓舞了邯郸百姓的抗敌热情，从而为援兵到来赢得了时间。

后来楚国的援兵到来，秦国罢兵，邯郸复存。邯郸失而复得，有李同这个平民的很大功劳，他也英勇战死，因为他没有官阶无法封赏，于是平原君封他的父亲为李侯。

（1）万众同心，其力无穷。我们感激太史公把李同这个平民的爱国义举记录下来。没有这一笔，平原君怎么也摆脱不了"平庸"的评价，有了听从李同之事，平原君便有了毁家纾难、舍小家存赵国的大义。而这份"大义"在中华民族危难的时候，也经常显示出来，激励人们保家卫国。在日本侵略中国时，著名建筑师林徽因的弟弟林恒毅然决然地投身卫国行列。林恒，毕业于清华大学机械系，本想将来实业救国，但是看到国家危难，毅然投笔从戎，报考了航空学校，成为中国空军航空学校的第十期学员。中国空军航空学校是抗战时十分有名的一所学校，因为大多数人在 6 个月内就会牺牲，学校校门口写着一句话：贪生怕死莫进来。1941 年，林恒在驾驶飞机对抗日本飞机的空袭时，击落了一架日军战机，随后被日军左右夹击，壮烈牺牲。林徽因在病中写下《哭三弟恒》："弟弟，我没有适合时代的语言，来哀悼你的死；它是时代向你的要求，简单的，你给了。"

（2）"小河有水大河满，大河无水小河干。"个体和国家关系密切。在国家危难时，大河没水了，小河迟早是要干的。大家团结起来，将国家利益放在前面，国家才有希望，民族才有未来。如李同一样，一介布衣能有如此觉悟，实在让人敬佩。李赞说："邯郸之故主灰飞，咸阳之宫阙烟灭久矣，而李同至今犹在世也。读史至李同战死，遂为三叹。"历史将记住这个李同，不，是李谈。

自助银行

有人可能觉得爱国情怀离自己有些远，其实不然。当 2020 年新型冠状病毒肺炎疫情肆虐时，当医护人员不计报酬不怕牺牲报名前往抗击病毒的第一线时，当网上口罩等防护用具的店家能抵住诱惑坚持不涨价时，当各界民众把口罩等物资捐献到抗疫一线时，当老人把自己平生的积蓄捐赠给灾区时，当出国游玩的国人，把行李丢掉，换成口罩等防护物资时，爱国情怀就在身边。他们不顾个人利益，都把公众和国家的利益放在了第一位。我们要提醒孩子：考虑自己的时候，也想想陌生的他人，这就是仁爱；"岂曰无衣，与子同裳"，这就是爱国情怀，爱国就在你我的身边。

案例 1

元朝大军已攻破长江防线，南宋举国震惊。谢太后下了一道《哀痛诏》，希望各地文臣武将、豪杰义士，能够同仇敌忾，共赴国难，朝廷也将不吝赏功赐爵。文天祥和张世杰两人召集兵马，起兵勤王。文天祥散尽家财充作军费，毁家纾难，招募义军。在他的积极筹措和感召下，很短的时间内就组成了一支三万人的军队。不过面对元军的虎狼之师，这支军队也于事无补。文天祥心里很明白，但是他说"受君之恩，食国之禄，应当以死报国"。抵抗失败后，文天祥又以枢密使身份赴元大都谈判，后被扣留，而后择机逃出，历经九死一生回到南宋。抗元失败后又再次被押送到元大都，面对忽必烈的诱降，文天祥不为所动，最终从容就义，在狱中写下《正气歌》，其中"时穷节乃见，一一垂丹青"的名句至今为人们传诵。

案例 2

"九一八"事变发生后，62 岁的熊希龄目睹日军侵占东北，"亡国险象，一时齐现"，他不甘当亡虏，决心与全国人民共赴国难，乃于同年11 月，在香山为自己修了生圹，并自撰了墓志铭，曰："今当国难，巢覆榱崩，若不舍己，何以救群？誓身许国，遑计死生，或裹马革，即瘗此茔，随队而化，了此尘因。"1932 年 10 月，熊希龄又将自己积攒多年的全部家产悉数捐充儿童福利事业，创办"熊朱义助儿童幸福基金社"，开办北平昭慧第一幼稚园、北平昭慧托儿所、北平昭慧民众工校、天津昭慧第二幼稚园、香山昭慧第三幼稚园等。所捐财产包括公债股票面额大洋 340200 元，股票面额银两 62000 两，房地契值大洋 132077.14 元，另外还有 42 处房地契无原价，还有一家股票因故未登记面额无法计价。战争爆发后，他又组织了很多红十字会救援队，进行伤员的救护工作。熊希龄曾画过一幅棉花图，题款是：此君一出天下暖。其实这何尝不是熊希龄自己的写照呢？抗战 14 年之所以最终获得胜利是因为有无数如李同这样的平民勇于为国捐躯，有如平原君一样的贤臣毁家纾难。只有人人念家国，爱家国，才能国泰民安，天下太平。

教育箴言

使秦破赵，君安得有此？使赵得全，君何患无有？

翻译：假使秦国打败了赵国，您怎么还会有这些（雄厚的家资）？假使赵国得以保全，您又怎么担心您没有这些呢？

提示：教育孩子意识到何为家国天下。答案是国好家才好，国破家难宁。

4. 手头和内心都富足的人，才是真正幸福的人
　　——读《仲尼弟子列传》

　　孔子弟子三千，贤人七十二。孔子自己最钟爱的弟子是颜回。颜回英年早逝，没有什么成就，尽管孔子特别夸赞颜回，但太史公除了引用孔子的几句表扬外，也没再写别的。太史公投入感情最多的当属子贡。

　　端木赐，字子贡，卫国人，比孔子小 31 岁。子贡口齿伶俐，很有辩才，和宰予一样是言语科的代表。孔子对他的口才经常加以抑制。孔子喜欢那种"敏于行，讷于言"的人。有一次孔子还故意问子贡：你和颜回谁更聪明啊？子贡知道孔子喜欢颜回，于是回答：我哪敢和颜回比啊，颜回听到一能知道十，我也就是听到一知道二罢了。孔子对子贡的期许也很高，但是好像不把他看作自己学术的接班人。子贡曾问老师：我是什么样的人呢？孔子说：你好像一种器皿。子贡追问：那是什么器皿呢？孔子说：瑚琏，就是祭祀时放谷物的器皿。这里的"瑚琏"是指"宗庙之贵器"，孔子是不是在说子贡是个外交人才呢？

　　在太史公的笔下，子贡又有哪些才能呢？

　　第一，子贡对老师孔子的推崇和宣传。子贡对老师孔子推崇备至，当时有人对孔子是有些质疑的，比如陈子禽，他问子贡：你的老师是跟谁学习的？这个问题其实是说你的老师那么厉害，那他的学问是哪里来的？怎么不见他有固定的老师呢？子贡说：我的老师学文王武王的治国方法，随时随地都可以学习，何必一定要找固定的老师来学习呢？陈子禽又问：孔子到一个国家就要了解这个国家的情况，这是他找人打听的呢？还是那个国家的人主动告诉他的？子贡说：孔子是靠人品吸引人来获得他要了解的情况的，这种

做法跟一般人调查问题的方法不一样。从这里可以看出子贡对老师佩服得五体投地，到处替自己的老师宣扬。《论语》中还有很多例子可以证明。子贡拥护并且宣传了圣人的名声，这或许就是太史公非常喜欢子贡的一大原因。

第二，子贡杰出的政治才能。在《仲尼弟子列传》中，太史公用了很大的篇幅来写子贡出使的原因、过程和结果。可以说是绘声绘色，足见对其的喜欢和崇敬之情。在出使之前，太史公写了一段子贡和孔子的对话。子贡问孔子：一个人富而高贵却不骄傲，贫穷却不谄媚，这个人怎么样？孔子说：这个人还不错，但是不如处于贫穷不为贫穷忧虑却能乐于求道，处于富贵不沉溺富贵却还能爱好自我修养注意礼节的人。颜回就是"贫而乐道"之人，而子贡要做"富而好礼"之人。在孔子看来，这两个方面是并列的，无所谓轻重，但在太史公那里，富而好礼要比贫而乐道更有社会价值。所以太史公写贫而乐道的颜回，只写了简单几句，29岁头白，早死。颜回之死是和贫穷有关的。太史公工笔描绘富而好礼的子贡，因为他的生命更有光彩。

第三，有人说这段故事太史公写得不好，把子贡写成了苏秦和张仪。其实不然。苏秦、张仪游说时的目的非常清楚，就是取得功名，改变自己的平民身份，而子贡不是，子贡出使的目的是由孔子说出来的："夫鲁，坟墓所处，父母之国，国危如此，二三子何为莫出？"意思是：鲁国啊，是咱们生于斯、养于斯、葬于斯的地方，是如同我们父母一般的国家，现在国难当头，你们这些人怎么没有人出来为国出力啊？听完老师的话，子路、子张、子石站了出来，孔子都不满意。子路太鲁莽，不合适；子张小孔子48岁，子石小孔子53岁，他们都太小，不能去。子贡请求出使，孔子同意了。可见孔子对其弟子是十分了解的。子贡是最合适的人选。他不是为了功名去卖弄唇舌，而是为了解除鲁国的危难，这和张仪、苏秦迥然不同。

子贡游说的方式不像苏秦那样危言耸听，恐吓威胁，而是循循善诱，设身处地，彬彬有礼。他去齐国，不是游说齐王，而是游说田常。他抓住田常并不是真正要攻打鲁国，削弱鲁国，只是想转移国内注意力的心理，建议他去改打强大的吴国，这样才会更多地牵扯政治对手的力量，好让田常在齐国的势力增强。然后他又去吴国游说吴王夫差。子贡抓住吴王好大喜功的特点，劝说他去伐齐救鲁，当天下的霸主。夫差不反对，但是说要等他灭了越国再去攻打齐国。子贡接着给吴王戴高帽，让他暂时保存越国，让越王俯首帖耳，向天下显示自己的仁爱，然后救鲁攻齐才能建立真正的霸业。子贡说："我再让越王派兵来跟您一起攻打齐国，这样越国就空了。"吴王特别高兴，于是派子贡去游说越王。

到了越国，越王极其尊敬子贡。子贡告诉越王，吴王说要先灭了越国再去攻打齐国。而且告诉越王让吴王知道你有报复吴国的志向，会很麻烦；有报复吴国的志向还没有实施，就被人知道了，就很危险。越王赶紧问子贡应对办法，子贡说：吴王好战，现在国家其实比较疲惫，您今天要发兵帮助他攻打齐国，让他更加骄傲，给他献上贵重的宝贝让他开心，言辞卑微地说好听的话表示对他极度尊敬，这样他就一定会去攻打齐国。吴国攻打齐国胜与不胜都是越王您的福气，您正好可以趁他疲惫之时攻打他，吴国必定被您灭掉。越王很开心，送给子贡黄金百镒，一把剑，二把好矛。子贡都不要，就离开了。

子贡接着回复吴王：越王要亲自从军跟着您去伐齐，还送来珍器重宝。吴王大悦，欣然接受，于是发兵伐齐。子贡又来到晋国，逐一分析了晋国的形势，于是晋国国君求计策，子贡建议：准备兵卒，严阵以待。

如此，经过子贡的一番游说，吴王打败了齐国，又顺便去攻打晋国，早有准备的晋国打败了吴国，越国趁机攻打吴国，吴王不得不放弃晋国回到吴国，最后被越王打败，吴国灭亡。"故子贡一出，存鲁，乱齐，破吴，强晋而霸越。"

这就是子贡：富而好礼，有杰出的外交才能，正直善良，是孔子的忠实追随者和杰出宣传员。贫而乐道和富而好礼，你喜欢哪一个？得不到富，贫而乐道就很不错了；得了富，就要追求富而好礼，而不能为富不仁。

教育启示

（1）在现代教育中，富而好礼指的是家庭经济条件或者内心比较富足，孩子非常有教养。"子贡一出，存鲁，乱齐，破吴，强晋而霸越。"他和苏秦不同的是，苏秦游说他国是为了求富贵，子贡不是，因为他自己就是富有的大商人。他出使游说不仅是为了保全自己的国家，还在扶助弱小。此举削弱了齐国，齐国本来就要乱；灭了吴国，吴国有点狂妄自大，丧失理智，咎由自取；帮助了晋国，晋国很可怜，被随便攻打，帮它是出于道义；使越国称霸，越国为了报仇准备了 20 年，迟早会成功；最重要的是保全了鲁国。如此可谓一举五得。子贡所到之处彬彬有礼，举止娴雅，得到各国君主的尊重，这就是智慧的力量。子贡不仅经济上富足，其内心也是富足的、我们现代教育的理想就是培养出内心富足，知礼博学的人才。

（2）既有商人的精明，又有正直的品格。我国流传有"无商不奸"的俗语，这当然说得太绝对，子贡就是个例外。子贡善于做生意，能猜中行情，能根据情况及时买卖货物，家财万贯（详见《货殖列传》）。他擅长口才，却不仗着自己的口才巧言令色，而且正直善良。文章特别提到"喜扬人之美，不能匿人之恶"，就是在强调子贡和那些好好先生、"乡愿"是不一样的，他既有商人的精明，又有正直的品格。

自助银行

中国如今是世界上第二大经济体，很多国人富足起来了，可以给孩子提供优厚的教育条件，上私立学校，发展多项特长，还能请专业老师指导；农村的孩子上学也已经不是问题，父母也会给他们一些零花钱。富起来了，手头宽裕了，如何让孩子富而好礼，富而好学，富而好德，富而更有成就成为摆在家长面前的难题。

案例 1

约翰·洛克是英国著名的哲学家和教育家。他提出应当实行绅士教育，一个绅士要有四种品质：德行、智慧、教养和学问，他所提倡的"绅士教育"其实是针对英国当时的富有家庭而言。这种教育和孔子讲的"富而好礼"很像。他说"在德行、智慧、教养和学问这四种品性中，德行是首位的。""缺乏德行，无论在阳间还是阴间，都毫无幸福可言。"他终身未婚，一生致力于哲学研究，通过几十年的观察，洛克发现，一个绅士的第二种良好品德是良好的教养，不良的教养体现在两个方面：忸怩羞怯和轻狂放肆。要防备这两个方面就要做到：既不轻视自己，也不藐视他人。反观现在的富二代，优秀者虽多，但是在公众面前狂妄自大的也不乏其人，前些年的"我爸是李刚"事件，还有网上炫富，开着豪车飙车等现象都在提醒我们，要做到"富而好礼"还有很远的路要走。

案例2

香港首富李嘉诚定下规矩：不管工作多忙碌，星期一晚上，一家人一定要一起吃饭。在饭局上，李嘉诚和家人对佣人都是彬彬有礼。在李家兄弟的童年时期，每天晚上，辛苦了一天的李嘉诚都会坐在书桌前阅读、自学外语。每逢星期日，李嘉诚就会带俩兄弟一起出海游泳，而游完泳后，必定要给他们上一堂严肃的国学大课。他会拿出随身带着的《老子》《庄子》等书，一句一句读，然后再逐字解释给儿子听。时间一长，李泽钜和李泽楷记住了那些传统的做人准则，比如诚实、信义。有一次，香港刮台风，李嘉诚家门前的大树被刮倒了，李嘉诚看到两个菲律宾工人在风雨中锯树，马上把儿子从床上喊了起来，指着窗外的工人说："他们背井离乡从菲律宾来到香港工作，多辛苦，你们去帮帮他们吧。"李泽钜和李泽楷马上穿上衣服走进了风雨。英国教育家洛克说："只有把子女的幸福奠定在德行和良好的教养上，才是唯一可靠和保险的办法。"德行越高的人获得其他的成就也就越容易。因此，手头宽裕起来了，更要注重礼仪的教育和责任的教育。只有手头和内心都富足的人，才是真正幸福的人。

教育箴言

子贡问曰："富而无骄，贫而无谄，何如？"孔子曰："可也；不如贫而乐道，富而好礼。"

翻译：子贡问孔子："富贵却不骄傲，贫穷却不去谄媚别人，怎么样？"孔子说："那也可以啊，但是不如贫穷却喜欢道义，富有并且爱好礼义。"

提示：我们教育孩子应提醒他们，如处于贫穷，要贫而乐道；如果变得富有，要富而好礼，因为成长是一辈子的修炼。

5. 留得青山在，不怕没柴烧

—— 从《报任安书》看司马迁的生命意识

曾经连续两个星期我一直在读《报任安书》，内心被一种情绪萦绕，久久不能消去。我想到了一个问题："太史公为什么要隐忍苟活？"

这个问题困扰了太史公很长时间，后来他终于说服了自己。太史公无法把心中的想法和别人说，而且当时也无人愿意听他诉说。"谁为为之？孰令听之？"——替谁去做？向谁去说呢？

是的，已经有很长时间无人和太史公交流了，现在终于有理由可以说说自己的内心了——这封回信，与其将之看作一封回信，倒不如看作太史公个人的倾诉。

司马迁是西汉的史官，父亲司马谈是太史令。司马谈在活着的时候就准备写一部如同《春秋》一样的史书，但到临终时也没有写成，于是留下遗言，让司马迁替自己完成这个心愿。司马迁敬慕李广将军，也敬重李广的孙子李陵。汉武帝时期，武帝派他的宠妃李夫人的哥哥李广利为贰师将军，和李陵一起带兵攻打匈奴。李陵带领五千汉军却碰上了匈奴的主要部队，奋战几日，寡不敌众，投降匈奴。消息传到朝中，上下震动，朝臣纷纷抨击李陵。当时，武帝问司马迁怎么看，其实作为史官，他本可以不参与这件事情，但是出于公道，他替李陵说了话，他认为李陵是不得已降了匈奴，日后还会想方设法报答大汉。这一席话惹怒了武帝，武帝就以"诬上""沮贰师"的罪名判处司马迁死刑。按照汉代法律，出钱50万可以免去死刑，但司马迁"家贫，货赂不足以自赎，交游莫救，左右亲近，不为一言"。《史记》还没有写完，所以太史公申请用受宫刑来替代死刑，出狱后做了汉武帝身边的中书令，负责收发管理文件档案。这样的人，大家一是认为他得罪了皇帝，要远离他；二是觉得他缺少骨气，宁愿遭受宫刑也不愿死，如此苟且偷生，让人瞧不起。太史公内心的痛苦可想而知。征和二年（公元前91年），太史公的《史记》已经写完。这时，任安在狱中来信请太史公帮他在汉武帝面前说说好话，救自己一命。

任安是谁呢？任安是汉武帝跟前的红人，担任北军使者护军。当时，佞臣江充通过制造"巫蛊事件"陷害太子刘据，陷入绝地的太子将江充逮捕并斩首，丞相刘屈氂受诏发兵攻打太子刘据。任安之前接受了太子的任命，但在这场战争中左右观望，既没有帮太子也没有帮丞相，事后被汉武帝以"持两端"的罪名下狱。汉代是在秋天到冬天处死死刑犯，现在已经到了冬末，也就是说任安就要被执行死刑。此时司马迁已经写完《史记》，没有后顾之忧，心无所惧，所以司马迁决定在给任安的回信中表白自己忍辱含垢、屈辱苟活的心路历程。

司马迁在《太史公自序》里写道："先人有言：'自周公卒五百岁而有孔子。孔子卒后至于今五百岁，有能绍明世，正《易传》，继《春秋》，本《诗》《书》《礼》《乐》之际？'意在斯乎！意在斯乎！小子何敢让焉。"太史公答应父亲要写一部如同《春秋》一样的《史记》，如果就这样死了，实在有愧父亲的嘱托，功亏一篑。太史公在《报任安书》中说："草创未就，会遭此祸，惜其不成，是以就极刑而无愠色"。意思是：我的《史记》开始写作，还没有写完，恰恰遭受此祸，我惋惜《史记》还没有写完，因此接受宫刑这样极其羞辱惨痛的刑罚我也没有丝毫生气的神色。太史公没有选择死，而是选择了比死艰难一万倍的事——活着，选择了对自己责任和使命的坚守！

只有活着才是为自己正名，也只有活着，才能由一个普通死刑犯而变为一代良史，才会给后世史家留下典范之作。所以尽管受宫刑后屈辱至极，司马迁也要勇敢活着。太史公说自己不是怕死，"且夫臧获婢妾，犹能引决，况仆之不得已乎？"是的，死并不可怕，那些普通人的奴婢和小妾都能自杀，司马迁怎么就不能死呢？对司马迁来说，活着才真正可怕。为什么活着更可怕呢？太史公形容遭受宫刑是"身残处秽""大质已亏缺""垢莫大于宫刑""亏形为扫除之隶"。意思是说，"自己身体残废，处于污秽之中""我的身体已经有欠缺""没有比受宫刑更让祖先蒙羞的了""我因为身体有了亏损所以在汉武帝身边做了一个像扫台阶一样的奴仆"。这样的屈辱，一般人都受不了，何况"我"还是慷慨之士，还是想为祖上增光的人士呢？而如今"假令仆伏法受诛，若九牛亡一毛，与蝼蚁何以异！"意思是：我如果伏法被杀，就如同九头牛丢了一根毫毛，和蝼蚁又有什么区别呢？"仆诚以著此书，藏诸名山，传之其人，通邑大都，则仆偿前辱之责，虽万被戮，岂有悔哉！"意思是：我希望能写成此书，把它藏在名山之中，传到都城中去，传给真正理解它的人，再让它广传于天下。那么这就可以补偿我先前受辱的所有债务。即使我被杀戮一万次，哪里还会有什么后悔呢？现在死去，只是宣告自己是毫无价值的懦夫。而唯有活着把《史记》写完，才能表达自己的思想，成为如同孔子、墨子等诸子百家一样的思想家，也唯有成一家之言，才可为自己正名。唯有成一家之言，才是真正的勇敢。

司马迁忍辱含垢活下来要写的这部《史记》，究竟要在里面告诉我们什么呢？作为一名史官，他看到了历史上的一些经验和教训，于是要把这些告诉未来的读者。比如他想告诉我们：命运由自己决定，在《孟尝君列传》《苏秦列传》《伍子胥列传》中有这样的智慧；提升人生格局，不迷恋权势，有所为，有所不为，在《李斯列传》《平津侯主父偃列传》中有所涉及；既要忍辱也要争先，在《留侯世家》中体现得最为明显……我们认真品读太史公用生命铸就的这部经典，就能懂得他蕴含其中的智慧，也许这才是太史公屈辱含垢发愤著书的真正意义所在。

教育启示

（1）明确自己的角色和身份。"我"是谁？"我"怎么活下去？在太史公的心目中，"我"是要成为伟大的文学家、史学家和思想家的。《史记》这部作品就是他存在的象征。他担心"君子疾没世而名不称焉"，所以尽管活着比死要难一万倍，也选择隐忍苟活，"幽于粪土之中而不辞者，恨私心有所不尽，鄙陋没世而文采不表于后世也"，就算是如同被深埋在粪堆里，也不放弃，因为他要写出这部史学巨著，要把自己的声音、思考、才学传给后人。太史公的经历启示我们：每个人都是历史上的一个点，承接过去，连接未来，我们要把过去给我们的启迪通过我们的为人处世、文字告诉未来。如果我们有这样的认识，就不会轻易浪费时间，无所事事，游戏人生。

（2）在阅读中更多地走近圣贤。关键时候，先贤们的陪伴、鼓励可以帮助我们走出困难的沼泽。我们要像他们一样接受命运的锻造和磨砺，把自己变成一把好剑，在人生的路途中披荆斩棘，艰难前行，永不放弃。太史公说："古者富贵而名磨灭，不可胜记，唯倜傥非常之人称焉。盖文王拘而演《周易》；仲尼厄而作《春秋》；屈原放逐，乃赋《离骚》；左丘失明，厥有《国语》；孙子膑脚，《兵法》修列；不韦迁蜀，世传《吕览》；韩非囚秦，《说难》《孤愤》；《诗》三百篇，大抵圣贤发愤之所为作也。"周文王、孔子、屈原、左丘明、孙膑、吕不韦、韩非，这些人都是在困境中发愤著书，留下了不朽的作品。他们是太史公发愤著书的榜样，也是太史公自我锻造的精神支柱，正是这些先贤的陪伴和鼓励，让太史公幽于粪土之中却不感孤独。

反观现在，很多孩子遇到一点挫折就轻生，其实这是太轻视生命的价值，太缺乏刚健的生命意识了。或许这篇文章可以为孩子们"补充些钙质"。

刚健的生命里要有担当精神和责任意识，这是生命的根基，每个生命来到这个世上都要有使命意识；要有隐忍的气度，没有隐忍，磨不出好的心性，这是生命的必要磨砺；刚健的生命里还要有弘毅的精神，要让自己的生命给他人带来抚慰，带来温暖，带来力量，带来借鉴，带来影响。

很多时候，痛苦源于对生活的挚爱。了解太史公忍辱活着的痛苦，是为了更充分地体验他文字里的人生哲学，获得感悟生命意义的价值，净化自己的灵魂。

自助银行

我们的孩子在我们的精心呵护中长大，我们当然希望他们一帆风顺，心想事成。可是人生的旅途中难免会遇到一些重大的打击，这些打击，我们无法替他们抵挡，唯有告诉他们不管是哪一种打击都不应当被摧毁，应当保全生命，不言放弃，慢慢应对，或许就是在和命运斗争中生命的价值得以彰显，这是太史公在《史记》这部书中告诉我们的生命真谛：活着，就是要证明生命的意义的。

案例 1

斯蒂芬·威廉·霍金，1942 年 1 月 8 日出生于英国牛津，毕业于牛津大学和剑桥大学，1963 年，21 岁的他不幸被诊断为肌肉萎缩性侧索硬化症即运动神经细胞病，医生诊断他只能活两年，可他还是坚强地活了下来，而且更加勤奋。他曾梦到自己被处死，由此他希望，"如果我被赦免，我还能做许多有价值的事"。他认为"我要牺牲自己的生命来拯救其他人"，要做善事，以回报社会对他的恩惠。勤奋的工作使霍金取得了很大的成绩，他以黑洞的研究和宇宙大爆炸的理论闻名于物理学界。1978 获得了爱因斯坦奖。1980 年当上了三一学院卢卡斯讲座的教授。尽管身体残疾，他仍经常旅行、演讲、著述。1985 年，霍金动了一次穿气管手术，从此完全失去了说话的能力。就是在这样的情况下，霍金极其艰难地写成了《时间简史》，该书已发行几千万册，被译成 40 多种文字。2018 年 3 月 14 日，霍金在剑桥家中逝世。霍金是身体虽被上帝禁锢而大脑却极度自由的代表，他向人们证明：只要还有自己做主的大脑，就要为人类留下宝贵的财富。

案例 2

褚时健，1928 年出生于一个农民家庭，69 岁成为中国的烟草大王——红塔山集团的董事长，71 岁在人生最高峰时因经济问题锒铛入狱，74 岁出狱后再次创业，承包几千亩荒山种橙子，他带着妻子进驻荒山，昔日的企业家成为一个地道的农民。几年的时间，他用努力和汗水把荒山变成果园，85 岁时他的"褚橙"红遍大江南北，在中国刮起一股褚橙旋风。褚橙不再是普通的橙子，而是一种象征，它象征着面对人生的惨境，不甘跌倒，不甘沉沦，还能再创辉煌的精神；它象征着生命本身蕴含的热情和力量永远不会被逆境摧毁。生命不息，热情不止。

教育箴言

仆诚以著此书，藏诸名山，传之其人，通邑大都，则仆偿前辱之责，虽万被戮，岂有悔哉！

翻译：我希望能写成此书，把它藏在名山之中，传给真正理解它的人，再让它广传于天下。那么这就可以补偿我前面的受辱。即使被杀戮一万次，哪里还会有什么后悔呢？

提示：教育孩子们如果忍奇辱能成大义，写巨著可留芳名，又何悔之有？

第五辑　多元看历史，思考必有得

历史是一面镜子，也是一部教科书。

1. 至诚胜至巧

——从读兵家传记中得出的教训

读完《史记》中的兵家人物传记《司马穰苴列传》和《孙子吴起列传》，我有一种感觉：历史也别都照着学，有些是教训，要引以为戒。虽然战场上"兵不厌诈"，但是如果我们把它们照搬到日常生活中来，就会弄巧成拙，以致众叛亲离。

先来看《司马穰苴列传》的内容。司马穰苴治军和孙武练兵的故事如出一辙。先看司马穰苴，他是田完的后代，由田婴推荐给齐景公。太史公给他的评语是"文能附众，武能威敌"，也就是说他能文能武，文可以号召大家追随自己，武能够威慑敌人。文章开篇就是讲他的"文"的方面，也就是他的"智慧"：司马穰苴认为自己初次担任将军，在军中没有什么威望，可谓"人微权轻"，希望景公派一位自己信任的人来监视军中，以利于自己树立威望。景公觉得此建议不为过，于是就派自己的宠臣庄贾前去。我们知道，监军是监视将军的，一般会对将军的权利有制约，所以没有人主动要监军。可见司马穰苴在一开始就没想让庄贾当监军，而是借他的到来树立威望。上班第一天，司马穰苴和庄贾约好，"旦日日中会于军门"，请注意：司马穰苴并没有告诉庄贾不按期到军门的后果，庄贾并非军中人士，不知道这些军规非常正常，如果是真心希望有监军，应该提前告知，提醒事情之重要、后果之严重，等等。如此，如果庄贾不听，还故意迟到，那是他罪有应得；如果没有，那就明显是布下陷阱等着庄贾来钻！"司马穰苴先驰至军，立表下漏待贾"，司马穰苴早早到达营门，只等着庄贾迟到。庄贾却浑然不知，还在和亲友一一告别，殊不知一张要置他于死地的网正在收紧。最后庄贾果真迟到。司马穰苴于是发表了一通演说：

> 将受命之日则忘其家，临军约束则忘其亲，援枹鼓之急则忘其身。今敌国深侵，邦内骚动，士卒暴露於境，君寝不安席，食不甘味，百姓之命皆悬於君，何谓相送乎！

意思是，身为将领，在接受命令时要忘掉自己的家，来到军营宣布规定号令后，要忘了自己的父母，擂鼓进军，战况紧急时刻要忘了自己的性命。现在敌国在侵犯我们，国内动荡，士兵在边境奋战，国君睡不安稳，吃不香甜，百姓的性命都指望着您，还说什么亲人送您（就迟到）呢？这番演说实在是精彩，说明了将领的重要性、特殊性和责任，还有如今紧迫的形势。这段演讲确实显示了司马穰苴的文采和文字的宣传性。但是，这些不足以成为杀庄贾的理由。因为这些庄贾不清楚，没有人告诉过他，也没有人提醒过他。司马穰苴故意不告诉他，故意找个景公身边得宠的人来惩论，杀鸡儆猴，树立自己的威望。而用景公身边得宠的一条无辜的性命来树立自己的威望，就显得很不善良。兵不厌诈，在战场上，对敌人，不得已而为之。出国打仗之时，将军和监军是合作伙伴，用这样的手段来立威，既骗了君主也害了庄贾。

文章后面还写了司马穰苴的"武"，写他体恤士兵，爱兵如子。所以，人人愿意效死，和敌国打仗时，晋国、燕国军队都闻风而逃，不战而屈人之兵，可谓威势逼人。后来司马穰苴当了大司马，田氏日益尊于齐。之后齐国的大夫鲍氏、高、国等人嫉妒司马穰苴，陷害他，司马穰苴被废，得疾病而死。

再来看《孙子吴起列传》中吴起的故事。

吴起，一个完全按"谋略"在生活的人，待人无任何诚意可言。为了获得鲁国君主的信任，杀死了自己在齐国的结发之妻。为了跟曾子学习，母亲死了，都不愿意回去服孝。为了让自己的士兵在战场上效死，他会为士兵吮吸脓包。一个母亲死了都不顾的人，会爱兵如子？我是不信的。为了让楚王为自己报仇，他被射杀时紧抱着楚王的尸体，最后新登基的楚王把当初射杀吴起却连带射中楚悼王尸体的人都一一杀掉，并且有 70 户被灭族。这就是吴起，死时都要算计用一拨人来给自己陪葬。在我看来，这样的吴起虽然官至相国，但是一点也不成功，做人相当失败。在卫国，他的家乡人讨厌他；鲁国人嫌弃他；魏国连仆人都要赶走他；楚国人要射死他。吴起可以说是个人人喊打的"过街老鼠"。

明代的李贽说："任事者必任怨，虽杀身可也。"意思是说，能担当事情的人一定要承受埋怨。我不同意他的看法，吴起被杀并不是他在楚国有担当，而是他把对敌人的谋略都用到了对自己的亲人、同事和无辜的人的身上造成的。

因此，读历史，读兵书，可以学智慧，但不能玩阴谋，做人要真诚，这是底线！不要把对敌人的谋略用来对付朋友。

教育启示

（1）"唯天下之至诚胜天下之至伪。"作为军事家，司马穰苴、吴起打了很多胜仗，受到君主的嘉奖，这自然令人赞扬。但是，作为一个普通人，他们却显得很孤独，没有朋友，吴起甚至没有亲人。为什么会这样呢？因为吴起太会耍阴谋，待人不诚，一切只关注利益。说白了就是玩"阴谋诡计"，把对敌人的方式用在对付同胞上。"吃一堑，长一智"，最后别人只好对你避而远之，所以你被孤立，被抛弃。因此，无论多聪明，在为人处世上都要待人以诚，事前说清楚要求和危害，提前做好预防措施，为他人着想，不要故意设陷阱害别人。

（2）"唯天下之至拙胜天下之至巧。"不要小聪明，多用笨功夫。司马穰苴在齐国树立威望，吴起要获得楚国民众的认同，这些初衷都是好的。那么怎么树立威望呢？要一点点去感化，要用些时日来赢得百姓的拥戴。可是，司马穰苴想到的是捷径，把楚王身边的宠臣要来当监军，然后借机将其杀掉，以树立自己的威望。这哪里是踏实的成功之道？因此，司马穰苴这么做是在使"诈"。这样的捷径在今天还有很多，比如不踏踏实实写博士论文，想着请人代笔，或干脆从网上抄袭，那样确实快，但是后果呢？名誉扫地，学位取消。因此，需要多用笨功夫，少耍小聪明。

案例1

曾国藩，湖南湘乡荷叶塘人，家中世代农民，他本人资质并不高，秀才考了七次，进士考了三次，却成为清代著名的儒学大家，既带兵打仗，还著作等身，实在令人惊异。梁启超也说"文正非有超群拔伦之才，在并时诸贤臣中称最驽钝"，可就是这样资质一般的人，凭借这这股"拙诚"的精神，苦读如一，扎扎实实下功夫，不学通一部经书，不涉及其他。作为带兵的书生，他没有经验，便学习戚家军的治军办法，招品质可靠的乡勇，吩咐家人照顾乡勇在老家的亲人，待之以诚，带领他们"扎硬寨，打呆仗"，把战壕挖深，把战时准备工作做足，和太平天国打持久战，最后把太平天国消耗死了。一介书生，靠这股"诚拙"之气竟成军事大家、清代中兴名臣。他坚持自修，每天反省自我，坚持日课十二条，一生如此，从不间断，最后成儒家学问大家。反观今天的一些人做学问，不愿意坐冷板凳，三天一本书，一年几百篇论文，仔细一看多是一篇文章换了标题，拆了段落再重复发表。这样"巧"则巧矣，实则弄巧成拙，自欺欺人。学问并无长进，而岁月早已蹉跎。最后被拆穿之时，悔之晚矣。因此，教育孩子要踏踏实实做人，不唯"伪"，而唯"诚"；不唯"巧"，而唯"拙"。在"诚拙"上下功夫，做个好人；把书读进去，把学问做扎实，不着急出名，不着急成大家。假以时日，则水到渠成。

案例2

喜欢金庸先生《射雕英雄传》的朋友一定记得里面的郭大侠——郭靖。他凭谁看来都是笨笨的，笨嘴拙舌，根本不是伶牙俐齿的黄蓉的对手；江南七怪七位师傅联手打造他，他也没学得多好。但是郭靖有一颗诚心诚意向学之心。他心眼好，诚实待人，而且家庭教育很成功，郭靖的妈妈李萍教育郭靖要做一个有用之人，要有一颗为国为民效力之心。虽然学得慢，但是师傅们都愿意教他。全真教的马钰教他两年内功心法，洪七公教他"降龙十八掌"；老顽童周伯通看似和他在玩闹，其实也教他了"空明拳""双手互博"，还指导他钻研武学秘笈《九阴真经》。笨拙的他平时不断思考，突然有一天，他竟然把师傅们教的东西都融会贯通起来，成了武功高强、扶危济困、侠肝义胆、为国为民的"郭大侠"。郭靖当然是小说中的人物，他给我们的启迪是：不要一开始就引导孩子耍心眼，不下功夫，弄虚作假，而要引导他们无论笨拙还是聪明，都要踏踏实实地去学习去实践，这样笨拙的孩子会变聪明，聪明的孩子会有更大的成就，从而避免"小时了了，大未必佳"的情况出现。

教育箴言

将受命之日则忘其家，临军约束则忘其亲，援枹鼓之急则忘其身。

翻译：身为将领，在接受命令时要忘掉自己的家，来到军营宣布规定号令后，要忘了自己的父母，擂鼓进军，战况紧急时刻要忘了自己的性命。

提示：作为将领要出生入死，忘了家人和自己，而作为教育者，心里却需要装着家人和他人的幸福，因为不爱家人的人，不可能爱别人的孩子，也不可能去传播爱。

2."背时"时不但不要自弃，还要"自贵"

——读《李将军列传》

"冯唐易老，李广难封。"这是王勃在《滕王阁序》中使用的典故。于是我翻开《李将军列传》，想找到李广难封的原因。太史公对此文有一种别样的情感，从标题上就可看出。标题其实可以叫《李广列传》，同样写将军的传记有《乐毅列传》；再看写卫青、霍去病这两位因裙带关系而封侯的将军，文章名只叫《卫霍列传》，如此显赫的人物，连个全名都没有，只点出姓，可以看出太史公对他们的态度，而且点出他们的成就主要是由于他们的"姓"——卫，因为卫子夫的得宠才有他们的发达。而这篇文章名叫《李将军列传》，可以看出其中流露出的亲切的情感，以及太史公的喜爱。

太史公如此喜欢的李将军究竟是因为什么封不了侯呢？

第一，李将军的不遇时，即"背时"。他生活的时代不对，没有生活在开国急用人才不求人才德行的时候。文章开头引用了汉文帝的话："惜乎，子不遇时，如令子当高帝时，万户侯岂足道哉！"什么叫"不遇时"？"文帝时"和"高帝时"有什么区别？汉文帝尚文，高帝时尚武。高帝时用人主要重本领，本领过人，虽有些德行上的问题也会被重用。而文帝时是和平时期，更需要循规蹈矩之人。周亚夫得到文帝的器重，是因为他在屯兵细柳中特别讲原则，比如没有将军的命令，皇帝也进不去营门。这就是文帝说这话的原因。这也是李将军在文帝时难以封侯的原因之一。

第二，李广恃才傲物，不够谨慎。李将军牵扯进了景帝和梁王的兄弟矛盾之中。此为景帝时期，李将军不被重视还不断被远调的另一原因。在平定七王之乱中的吴、楚联军时，李将军跟着周亚夫去攻打他们，在昌邑城下大展身手，获得了很好的战功。梁王很看重他，授给他李广将军印。李广接受了。这是李广的处事不谨慎。作为景帝的将领不能接受梁王私下的将军印。要知道梁王一直有夺景帝皇位的野心，所以回来后李广没有被封赏，反而贬至上谷太守。因为他经常与匈奴交战，典属国公公孙昆邪对皇上哭泣说："李广太有才气了，天下无双，自恃才高，多次和匈奴大战，恐怕国家会失掉这个将领。"于是景帝把他调到上郡去当太守。李广虽才气天下第一，但是自恃才高，遭人嫉妒，再加上私下接受梁王的将军印在前，景帝自然不会重用他。

天子派一位中贵人跟着李广学习如何攻打匈奴。这位中贵人带领几十人出去，被三个匈奴人围射，中贵人被射中逃回到李广处。李广判断那三人是射雕者，于是带领一百名骑手去追他们。李广亲自射击，射杀两个，活捉一个。可见李将军之神勇善射名不虚传。正在这时，他们又碰到匈奴的数千骑兵。匈奴骑兵以为李广是先头部队，不敢动。而李广的骑兵们也特别害怕，想掉头逃跑。李广说："我们现在距离大军数十里，如果现在逃走，匈奴一定会把我们赶尽杀绝。如果我们留下来，匈奴一定认为我们在为大军做诱兵，不敢追击我们。"可见李将军之谋略过人。他命令骑兵上前，到达离匈奴阵地二里的地方，还让士兵把马鞍子解下来。意思是告诉匈奴兵我们不逃跑，以此迷惑他们。最后还让自己的士兵把马放了，随便躺卧。一直等到天黑，匈奴兵也不敢攻击李广的百名骑兵。半夜时，匈奴兵害怕有汉兵大部队在旁边，于是连夜带兵离开。第二天早上，李广才带领一百人回归大军，大军不知道李广去了哪里，所以无法随后接应。

这一段李广将军有勇、有谋、有胆、有识。以百人面对敌人的千人骑兵，不畏惧，并运用智谋，确保自己的部队毫发未损。可是最后一句"大军不知道李将子去了哪里，所以无法随后接应"特别委婉地指出李将军的问题：不遵守军纪，只顾着表现自己的才能。这是大将军的一大问题。

第三，李将军打仗名气很大，但是没有取得汉代规定的大军功。文章后面记载了李将军参与的几次战争，第一次是马邑城之战，汉军全无点功。李将军也在其中，当时他为骁骑将军。第二次是跟着卫青出雁门关攻打匈奴，碰上了匈奴的主要部队，匈奴兵多，李将军寡不敌众，部下全军覆没。李广因为名扬匈奴，匈奴人不想杀了他，于是活捉他并把他带回匈奴军营。李将军途中装死，射杀骑马的匈奴兵，夺取匈奴马，九死一生逃回本部。可是，卫青把李广交给军中管军法的小官吏，按照军法，李广部队全军覆没，却自己逃回，本当被处死，后被赎罪贬为平民。这是李广不够英勇吗？太史公在前面已经交代：匈奴兵多。

第三次还是跟着卫青，但卫青已经是大将军了。军中很多人已按功封侯，李广却还是无功。

第四次是跟着张骞去攻打匈奴。李广四千人对左贤王四万人，他驰骋四万人军中如入无人之境，亲自射杀了匈奴很多将士，苦战两日支撑到张骞的援兵到来。因为李将军的部下伤亡惨重，"军功自如，无赏"。什么意思呢？取得的军功和全军覆没的罪相抵，不惩罚也不封赏。

第五次又是跟着卫青。卫青自己带精兵，走好路，而让李将军故意绕远路，也不让他当先锋。李将军提出了当先锋的申请，没有被允许。卫青如此安排，是怕李将军"数奇"，运气不好，对军队抵挡匈奴不利。后来李将军途中没有向导，迷了路，后于大将军要求的时间到达。大将军和大单于交战，没有什么收获而回。卫青督责李广到幕府和管军法的小吏那说明误期到达的情况。李广对部下说："我一辈子和匈奴打了70多场仗，这次能和大将军碰上大单于，本是立大功的机会，可是大将军却让我带领部队迂回前进，走远路，我又迷了路，这难道不是天意吗？而且我已经60多岁，最终还是不能再面对那些刀笔之吏啊。"于是李将军自杀了，"广军士大夫一军皆哭。百姓闻之，知与不知，无老壮皆为垂涕"，这也是太史公在哭李将军。

教育启示

（1）要教育孩子有本领同时也要谦和，有本领也不可有傲气。有本领是好事情，要把本领施展出来，为国为民效力。但是不要有恃才傲物之气，恃才傲物之人多遭人嫉恨，最后处处受人牵制，处处会有人使绊子。李广恃才傲物遭典属公的嫉恨，遇到很多阻力，最后也失去了很多机会。恃才傲物容易只顾展现个人才华而忽视规矩纪律。李将军看似都是运气不好没有封侯，其实背后是做人的问题。李将军打了四次大仗，要么是"无功"，要么是"功过相抵"，最后一次无功而又耽误军期。那么多跟着卫青打仗的人都封侯了，所以并不是卫青妒忌他，而卫青对李将军不放心，不派他当先锋的原因可能和他以往恃才傲物，不守纪律有关。因此，教育孩子要做有本领之人，而且要成为有本领无傲气之人。谦虚和气一点，把周围的人都变成自己的助力，而不是把四周的人都变成自己的阻力。话剧《知己》中有一句台词："你不知道哪块石子把你绊倒"，所以多一份本领，同时也要多一份谦卑，少一份傲气。曾国藩说："天下古今之才人，皆因一'傲'字败。"

（2）"背时"不自弃，还要"自贵"。"天时地利人和"，有时候确实会碰上这三样都不沾的时候。人生不如意事，十之八九。李广也是，但凡哪一次运气好一些，或碰上匈奴时兵力多一点，或他最后一次攻打匈奴不迷路，不耽误时间，可能会实现封侯的人生理想。但运气不好，始终都没有被封侯，也不能就此自杀。李广没有封侯，这又有什么呢？他不是还有自己的孩子吗？他可以培养儿子李敢，或者写写兵书，甚至就做一个未封侯的将军，光荣退休，又有什么不好呢？可能有人会讲，这次李将军对簿军法小吏，肯定活不了，最后还是被杀。我认为不一定，没有去争取，怎么就知道结果一定是死呢？哪怕有一丝机会也要争取。作为一位将军，不只是为了获得某个头衔，而应该想办法把智慧流传下去。"立功立德立言"，不能因为无法立功就自杀，这不是将帅所为。因此，我们要教育孩子，碰到不如意的事，碰到"背时"的事情，不要想"上天为什么对我这么不好"，而要想"我没做什么坏事，问心无愧，如果我再对自己不好，那就是错上加错，所以我得对自己好一点。"正因为时运对自己不好，所以更要心疼自己。"背时"之时不但不要自弃，还要"自贵"。

自助银行

案例 1

苏东坡 20 岁考上进士，以一篇《刑赏忠厚之至论》被欧阳修等人非常看好，认为他日后必定独步文坛。苏东坡诗文书画俱佳，宋朝皇帝和太后都是他的粉丝。但是他平时喜欢写诗发发牢骚，偶尔还评论一下时政。正当他湖州太守当得好好的时候，一天朝廷突然来人把他带走了。他被关在御史台，经历了九死一生，据说还是皇帝开恩，苏东坡被贬为黄州团练副使，这个官是从八品，还是戴罪之身，没有固定的住所，借住在定慧寺里，没有多少薪水，一大家子要养活，据说苏轼把钱分成30份，挂在房梁上，每天一份。命运把他抛弃在黄州，他可没有抛弃自己，他还把黄州地区无人爱吃的猪肉，研发出了好吃的菜品——东坡肉。为了养活一家人，不得不亲自种地，他自得其乐，给了自己一个雅号：东坡居士。哲宗即位，太后主政，苏轼一下子由从八品升为三品官，后来因太后去世，他被整得更惨，被贬到偏远的惠州做官，最远到了儋州（今海南）。人生倒霉到如此地步，他也没有伤心自杀，而是继续"贵气"自己。他在惠州时爱吃羊肉，可是没钱吃不起，于是他发明了一种吃法——吃羊脊骨。买回别人不吃的羊脊骨，炖好后用牙签剔脊骨缝里的肉吃，这就是吃惠州羊蝎子的来源。"东坡肉""东坡鱼""东坡饼""东坡豆腐""东坡羹"这些佳肴不一而足，这一道道以东坡命名的菜都在提醒我们：人越倒霉，越背时，越应"贵气"自己。这种"贵气"自己就是一个人最大的财富，后人叫它达观。

案例2

林生斌这个人够惨的。他有非常相爱的妻子，有三个可爱的孩子，有一家服装公司，生意很好，在杭州买了大房子，家里请着一个保姆帮忙照顾孩子，一家人幸福极了。他出了趟差，回来就变了：保姆莫焕晶用打火机点燃了客厅的一本书，妻子和三个孩子都被烧死，幸福的家瞬间没了。他太"背时"了！但他想到过自杀，也因精神恍惚而滑下山坡，身受重伤。他最后没有去自杀，而是坚强地活了下来。2019年他开始晨跑，戒烟，重新获得了新生！在新型冠状病毒肺炎疫情肆虐武汉时，他于1月28日给灾区捐了5000只口罩。碰到人生的难题，想不通很正常，他在微博里说："一些想不明白的事情，就不再想了，重新认识自己，认识人生，过好当下的每一天。"当生活打了你一个耳光，你不要抛弃自己，而要好好抱紧你自己，过好每一天。

广之将兵，乏绝之处，见水，士卒不尽饮，广不近水，士卒不尽食，广不尝食。宽缓不苛，士以此爱乐为用。

翻译：李将军带兵，粮草匮乏的时候，看见水，士兵没有全部饮用过，将军不靠近水；士兵没有全部吃饱，将军不品尝食物。（将军带兵的纪律）宽厚而不苛刻，士兵们因为这些都喜欢为他所用。

提示：李将军带兵的境界就是教育的境界，让学生乐意接受你的教育。做到这一点不是靠严苛的纪律，而恰恰是靠宽厚的爱。

3.感恩和远见，一个也不能少

——读《范雎蔡泽列传》的启示

范雎和蔡泽是"口辩之士"，凭借自己的口才轻而易举地获取了秦国的相位。太史公把两人合传，说明二人有一致性的地方。读这篇传记可以为我们的学习成长积累很多经验和思考。

（1）两人都有困厄的经历，能够在困厄之中激发自己发奋图强的热情，不被困厄限制和打败。即太史公所云："二子不困厄，恶能激乎？"这和太史公在《史记》其他篇目如《伍子胥列传》《苏秦列传》《张仪列传》《报任安书》中一脉相承的隐忍奋发的精神有关。相比之下范雎、蔡泽更狼狈。

先看范雎，家里贫穷，连去游说魏王的路费都筹不到，跟从须贾去出使，又遭须贾诬蔑其和齐国勾结出卖魏国的情报。范雎不承认，回国后，遭到魏公子魏齐的侮辱、责打。肋条打折了，牙齿打掉了，还被人用席子裹起来扔在厕所里任宾客在他身上撒尿。范雎受此奇耻大辱，没有寻死，而是装死，后来跟看守的保卫说日后重谢才被放出去。他后来跟着秦国来的使臣王稽和侍卫郑安平逃到秦国。

而蔡泽呢，他是燕国人，到处游说大小诸侯，接连碰壁。他比较迷信，于是找了个叫唐举的人给他相面，唐举说他从今天到去世还有 43 年时间，他听了好高兴，于是又开始一轮的游说。他先去赵国，被驱逐，后去韩国和魏国，在路上连饭钵都被人抢了，可谓倒霉透顶。在这样倒霉的境遇下，一般人早就自寻短路了，而范雎和蔡泽却愈挫愈勇，永不言败。

（2）都利用了自己的辩才，集中攻击他人弱点，从而使自己登上相位。《三国演义》中诸葛亮"骂死王朗"的情节和范雎、蔡泽有得一比。苏秦、张仪虽也为辩士、纵横家，但是不一样，他们只是游说君王采取自己的策略，并没有如范雎、蔡泽一样攻击秦国原来的相或穰侯华阳君（秦昭王的母后的弟弟）或应侯范雎，把别人拉下马然后自己上位。他们在游说过程中都各自采取了特殊的手段。比如范雎用的是闪烁其词法、故弄玄虚法、挑拨离间法。

范雎到秦国后，一直在传舍里待着，吃着很差的饭食，待了一年多也没有机会见到秦昭王。这时正好穰侯担任秦国将领，他带兵越过韩、魏攻打齐国，穰侯此举表面上是为了国家利益，其实是为了扩大自己的封邑"陶"的范围。所以范雎把一篇文采斐然而闪烁其词的文章进献给了秦昭王。文章意思是，一个英明的君主会赏赐有功之人，任用有能力的人，让无能的人退位，让有能力的人不被埋没。如果能让他有机会说话，他将实行自己的主张……此文既文采斐然又神神秘秘，激起了秦昭王的好奇，于是秦昭王立刻传令让范雎进宫。

然后范雎采用了故弄玄虚法。范雎到了宫中，故意装作不知道到了王宫，等到人说大王到了的时候，他说：秦国哪里有王？听说有太后、有穰侯，还故意大声让昭王听到。昭王以礼接待范雎，撤退左右，想听范雎那不能在纸上写的秘密之语。却不料，秦昭王再三追问，范雎只是嗯嗯，不说具体内容。秦昭王说："先生您不想教我了吗？"这时范雎开口："不是我不教您啊。现在我是外来之臣，处于你们骨肉之间，想对您尽忠，但是我不知道您的想法。不是我害怕死，我害怕的是我死之后，天下的人看我因为尽忠却被害死，就再也不敢说话，再也不愿到秦国来。您现在怕太后，怕穰侯，处在深宫之中，不离左右侍从，不分忠奸，这样下去，大的危险是国家危亡，小的危险是您自己陷于孤独和危险之中。这是我最害怕的。我不怕为国家做事情，也不怕因此穷尽侮辱和死亡，如果我死了秦国却治理好了，这就是我的死的价值。"秦昭王一听，赶紧行跪礼说："事情没有大小之分，上到太后，下到大臣，都希望您来教我，不要怀疑我。"之后，范雎开始采取挑拨离间的方法来离间穰侯和秦昭王、太后和秦昭王的关系。范雎分析穰侯攻打齐国的私心，对国家的不忠。范雎接着献"远交近攻"的外交政策。最后提出了亲近魏国的三步走建议：第一步送贵重礼物去结交；第二步割地去贿赂；第三步如果前两项都没有用就带兵去打它。后来，秦国对外的关系基本上就是这样。秦王大悦，范雎随后取代穰侯成为秦国的相国。为了报答恩人，当初举荐自己的王稽和郑安平，范雎都把他们举荐给了秦王，当了大官。后来王稽勾结东方诸侯造反，被杀头；郑安平在攻打赵国的战争中兵败投降赵国。按理说荐举人要承担责任，但因秦昭王对范雎的器重，没有追究责任，但是范雎自己心里很愧疚。

蔡泽带着一生的不如意进入秦国，但这次他踌躇满志，成竹在胸。他听说王稽和郑安平犯了大罪，范雎内心惭愧，觉得这于自己是个好机会。在拜见昭王之前，他就打定主意要把范雎拉下相位。

首先他采用了激将法，放言说自己一见秦王，一定要让应侯范雎陷于困境，并且夺了他的相位。这话激起了范雎的好奇，他于是派人找来蔡泽。第一步蔡泽成功。其次，极尽恐吓之能事，采用了恐吓法。蔡泽拿历史上秦国的商鞅、楚国的吴起、越国的文种来和范雎比较，问他，你的才能能超过这三个人吗？范雎说不能。又问，那么你觉得现在的君主亲近忠臣、不忘旧臣的能力怎么样？和秦孝公、楚悼王、越王勾践相比，现在的君王比他们三人更念旧吗？你的功绩及获得的君主的喜爱和信任程度比商鞅、吴起、文种更多吗？你的官位、俸禄、家里的财产比他们三个多吧？所以，你的功劳不如他们，你的君主不比他们的君主念旧，你的名声和获得的信任不如他们，但是你的财产却比他们的要多，如果你还不思退却的话，你的命运要比他们三个还要惨。现在你为什么不功成而身退呢？通过这一比较、恐吓，范雎已经改变了自己的想法，说先生您教得好，听您的。于是过了几天就向秦王推荐了蔡泽。秦昭王和蔡泽见面交谈非常高兴。范雎被免相，蔡泽任秦国的相。

范雎和蔡泽很有意思，如同是一个因果报应，范雎夺得了穰侯的相位，而蔡泽复制了范雎的做法，夺了范雎的相位。

传记里还写了范雎知恩图报、恩怨分明的故事，须贾出使秦国，范雎乔装打扮成贫民去试探他。须贾看到了贫民的"范雎"如此落魄，怜惜不已，请他吃饭，还说，你怎么寒酸到了这个地步！于是拿出一件自己带来的绨袍（就是外面的大袍子）赠给范雎。后来范雎引须贾去拜见应侯张禄，却发现秦国的相国就是原来的范雎。因为范雎到秦国改了名字，须贾吓得伏地请罪，范雎数落他说：

汝罪有三耳。昔者楚昭王时而申包胥为楚却吴军，楚王封之以荆五千户，包胥辞不受，为丘墓之寄于荆也。今雎之先人丘墓亦在魏，公前以雎为有外心于齐而恶雎于魏齐，公之罪一也。当魏齐辱我于厕中，公不止，罪二也。更醉而溺我，公其何忍乎？罪三矣。然公之所以得无死者，以绨袍恋恋，有故人之意，故释公。

翻译如下：你的罪状有三条，以前楚昭王时申包胥为楚国打退吴国军队，楚王封他荆地五千户，申包胥不肯接受，因为他的祖坟在荆楚。现在我的祖坟也在魏国，您却怀疑我有外心向着齐国，向魏国公子魏齐说我的坏话，这是第一条罪状。当魏齐把我扔到厕所里时，您没有制止，这是第二条罪状。他们醉酒后轮流在我身上撒尿，您怎么能忍心看到我那样呢？这是第三条罪状。但是，您之所以没被处死，是因为你前日赠我绨袍，有同情心，还有老朋友的交情在，所以我释放了您。"范雎于是散尽家财，尽以报所尝困厄者。"这里写得非常深情，有对故土的思念，有对昔日受辱的愤恨，有对须贾赠袍的感恩。

教育启示

（1）远见就是机会，就是财富。范雎和蔡泽都有特殊的智慧，能在困境中预见机会，在平常的事件中预估未来的走向。你看范雎被人在身上撒尿，蔡泽连饭钵都没有了，但这两人还能在那时以特有的目光看到希望和光明。范雎被打成那样，还觉得自己逃出去就会有成功的希望，将来还要报答放他走的人。如果他没有眼光，很可能在当时就因屈辱而死。蔡泽在衣食无着、饭钵被抢的一无所有的情境下，硬是把听说范雎推荐的两个恩人——王稽和郑安平都在秦国犯了大罪的事情视为自己发达的良机。

范雎和蔡泽果真就借助这个转机获得了成功。所以，远见就是机会。范雎和蔡泽既有口才，又有远见，而秦国又处于用人之际，其内部本身就有矛盾。两人看法出奇地相似，所以蔡泽利用王稽、郑安平犯大罪这一事件，判断范雎有可能被牵连，得出自己可能有机会的结论。在一件普通的事情刚发生时就能作出预判，这需要本事。小事情后面有机会，看到了就是成功；小事情后面也有灾难，避免了就是大幸。这种本事在应对危机时尤为关键，可以避免巨大的损失。

（2）"一饭之恩必偿"，如果找不到恩主就去行善行，传善念。

范雎数落须贾时还口口声声尊称他为"公"，只因有绨袍之赠。范雎恩怨分明，小恩可抵大怨。范雎发达之后，向秦王推荐王稽、郑安平，以示对这两位帮他逃出来的恩人的报答，后来又"散尽家财"，全数用来报答那些曾经也如自己一样身陷困厄者。人生在世，谁都难免碰到困难，能助人处还望给人些许温暖。自己的伤痛好了，也不要忘了还在伤痛之人。

自助银行

案例 1

韩红，1971 年生人，父母都是艺术家，爸爸是成都军区战旗歌舞团的相声演员，妈妈是团里的歌手。从小耳濡目染，韩红很有唱歌的才艺，她 5 岁就加入了合唱团，6 岁时父亲因病去世，9 岁那年她被妈妈送到了北京奶奶家里。韩红独自一人坐了三天三夜的火车来到北京，到奶奶家已经晚上十一点，她拿起扫帚扫地，跟奶奶说："我会干活，我不吃肉。"奶奶和叔叔一把抱住韩红痛哭起来，说：家里不要你干活，所有的肉都给你吃。祖孙二人相依为命，奶奶为了养活韩红，艰难的时候不仅卖冰棍，甚至还卖过血。说起来韩红就落泪。奶奶知道韩红爱唱歌，1995 年，她把卖冰棍省吃俭用攒下来的三万元钱交给韩红，让她拍MV。正是这个《喜马拉雅》的 MV 让韩红成了家喻户晓的歌星。奶奶的支持是韩红进步的动力和源泉。韩红童年缺失的父爱母爱，奶奶全都给了她。2005 年奶奶因脑溢血去世，韩红的天塌了，她觉得没有了奶奶，没有了爱，没有了根，什么奋斗、获奖都没有意义。她抑郁了三年，三年中随时都有可能跳下楼去找奶奶。三年过去了，韩红想起了奶奶经常说的话："奶奶不在了，你要做好人，做好事。"所以韩红走出了抑郁，做起了公益，开始做好人做好事，她关注老人和儿童，她觉得老人就是奶奶，儿童就是自己。她感觉最有成就的事情就是把物资亲手送到需要救助的人手里，她的"韩红爱心公益基金会"因为"一包方便面都可以公示"的规范，因为其亲历亲为的大爱，得到人们的关注赞赏。韩红，在关注公益，投身公益慈善中，把奶奶对自己的恩情扩大为奶奶对人间的大爱。在大爱中走出了抑郁，找到了自我，也修复了她残损的童年。

案例 2

远见看不到摸不着，它突然就来了，突然就成功了。你的很多时间其实都在为这一远见的出现作准备。2003 年 5 月，马云阿里公司的一位员工因为出差成为疑似感染非典者，需要隔离，全公司的人也不能上班，大家只能把电脑搬回家办公。这个看似不好的事件，给了阿里人启迪：不仅可以在家办公，还可以在家买卖东西。于是 2003 年 5 月 10 日，阿里 taobao.com 上线。非典，这个全中国都笼罩在恐惧气氛中的时期，一个有远见的人看到了黑暗过后的光明前景。而这一天 5 月 10 日成了阿里人一年一度的节日，其实这也是一个奖励远见的节日，确实值得他们穿着奇装异服尽情狂欢。

教育箴言

欲而不知止，失其所以欲；有而不知足，失其所以有。

翻译：有了欲望却不知道节制，就会失去想要的东西；占有了（东西）而不知道满足，就会失去所拥有的东西。

提示：我们要适时地知止知足。

4. 聪明人的"装愚""守拙"也很必要

——韩非子的故事给人的启迪

韩非子是韩国的公子，喜欢刑名法术之学，而他的学术的根本来自黄老哲学。韩非子说话有些口吃，不善辩说，但是善于写文章。他和李斯是同学，师从荀子，李斯自己认为学问不如韩非。韩非子意识到当时的问题，也有应对的方法，游说韩王，但韩王不用，于是悲愤于廉洁正直不被邪曲的臣子接纳，观察以往历史得失的变化，写出《孤愤》《五蠹》《内外储》《说林》《说难》十余万字。他的文章传到秦国，秦王嬴政读了《孤愤》《五蠹》，喜欢至极，甚至说："我能见到这个人，和他一起交谈，死都没有遗憾了。"李斯说："这是韩非子写的。"秦国于是攻打韩国，逼迫韩王把韩非子交出来。韩王本来就不用韩非，见秦国一逼迫，就派韩非出使秦国。秦王和韩非子相谈甚欢，但还没有完全信任他并给予重用。李斯和姚贾特别嫉妒韩非，害怕他得到重用会影响自己在秦国的地位，于是向秦王嬴政进谏：韩非是韩国公子，是一定要为韩国服务的，这是人之常情。如果您不用他，不如杀了他。秦王同意了李斯的建议。于是李斯派人送给韩非毒药，要他自杀。韩非想替自己辩说却没有机会见到秦王，只好服药。秦王后悔，派人去赦免韩非，可是韩非已经死了。

太史公说："然韩非知说之难，为《说难》书甚具，终死于秦，不能自脱。余独悲韩子为《说难》而不能自脱耳。"

意思是，韩非子知道游说君主很困难，在《说难》这篇文章里说得非常具体，最终还是死在秦国，不能自我解脱，"我"为此感到特别伤心。

其实答案已经在韩非子自己的文章里：

宋有富人，天雨墙坏。其子曰"不筑，且有盗"，其邻人之父亦云，暮而果大亡其财，其家甚知其子而疑邻人之父。昔者郑武公欲伐胡，乃以其子妻之。因问群臣曰："吾欲用兵，谁可伐者？"关其思曰："胡可伐。"乃戮关其思，曰："胡，兄弟之国也，子言伐之，何也？"胡君闻之，以郑为亲己而不备郑。郑人袭胡，取之。此二说者，其知皆当矣，然而甚者为戮，薄者见疑。非知之难也，处知则难矣。

"智子疑邻"的故事大家都不陌生。大意是，宋国有一位富人，天连下大雨，他家的墙坍塌了。富人的儿子说："要是不修筑，一定会有人偷盗。"邻居家的老人也是这样说的。晚上，富人家果然丢失了很多东西。结果，那个富人认为自己的儿子聪明，却怀疑邻居家的老人偷了他家的东西。曾经郑武公要讨伐胡人，却把自己的女儿嫁给了胡人首领，便故意问群臣："我想动用军队，你们说哪个国家该是讨伐的目标？"有个叫关其思的臣子说："胡人可以做我们讨伐的目标。"郑武公便杀掉关其思并声言："胡人，乃是兄弟般的邻邦，你却说可以讨伐，是什么意思？"胡人的国君听到后，认为郑国亲近自己而放下了对郑国的防备，郑国的军队便对胡人发动突然袭击，攻取了他们的国家。富人的邻居与关其思的话都对，然而严重的结果是被杀，轻微的结果是受怀疑，可见使人感到为难的并不是聪明或不聪明，而是如何使用这种聪明。

其实用韩非子的故事来看韩非子自己，他太明白秦王的心思了。而且秦王也知道韩非子了解自己。韩非子是韩国的公子，秦王对六国归附之人还是有顾虑的，何况还是韩国的贵族。秦王视韩非子为难得之人才，想用又不敢重用，这时李斯和姚贾进谏，如果不用不如杀了韩非，所以韩非子自然必死无疑。那么为什么秦王又后悔了呢？这就是秦王嬴政内心的矛盾，他确实太欣赏韩非子了！

《百家一说》的作者朱刚先生说得好，"韩非子为秦王磨砺了一把锋利无比的剑，然而这把剑首先染上的却是他自己的血"。

（1）聪明的人有时候需要一点"装愚""守拙"和"藏锋"。

韩非子被杀恰恰是因为他太聪明，他需要智慧地处理自己的聪明。韩非子如果只是自己写书写文章，到了秦国也不想着去游说秦王，可能秦王就不担心韩非子要为韩国的强大出力，他也就不会被杀。

《说难》中的关其思也是这样，他知道郑武公的想法，可以不说出来，君主最讨厌的就是臣下什么都知道。关其思这个名字也很有意思，这时可能要"关"起"自己"的"思考"，"装愚"才最好。韩非子写下这个诀窍，但是他自己做不到。因为对于聪明人来讲，装不聪明实在是太难了。

（2）总是在刀尖上走的人，迟早有一天会被刀尖刺伤，而恬退、自然的心态则是最安全的状态。韩非子吸收了儒家和道家的智慧，但都用在了很功利的地方。一味地使用"法""术""势"而少了平和自然，时时刻刻在分析别人，在研究对付他人的方案，迟早会落入别人的算计之中。要避开伤害的解决方案可能还是在道家那里。比如庄子，他看出来大家在争来夺去，但是并不一定要跟君主说明，而韩非子不同，他不仅写了出来，还要利用矛盾，利用矛盾就难免会为矛盾所伤；还可以学习庄子的"庖丁解牛"，避开矛盾尖锐的地方，在空隙中运刀，游刃而有余。

案例 1

六祖慧能姓卢，其父亲是个官员，因贬官举家迁徙到岭南新州，3岁时父亲去世，小卢和母亲相依为命，靠上山打柴和帮人做小工维持生活。有一天一个客人让他把柴送到旅馆去，他在那里听到一位客人在读书，听得入迷，就问客人，那是什么书，客人说是《金刚经》，小卢心慕佛法，决定北上学佛。他来到了湖北黄梅五祖道场，跟弘忍法师学习佛法。弘忍法师赐他法号慧能，让他去米坊舂米，慧能就就业业，任劳任怨，一干就是 8 个月。一次，五祖决定传递自己的衣钵给已经学成佛法的人，让徒弟们各写一首偈子表达自己对佛法的理解。五祖的大徒弟神秀写的是"身如菩提树，心似明镜台，时时勤拂拭，勿使惹尘埃"，大家看到后赞赏不已。慧能听到有和尚读这首偈子，于是央求那个和尚把自己的偈子也写上："菩提本无物，明镜亦非台。本来无一物，何处惹尘埃"，五祖看了偈子没有说话，而是用鞋底把慧能的偈子擦掉了。过了几天五祖私下到他舂米的地方，在他肩上拍了三下，提示慧能三更时到禅房找他。五祖开始给慧能讲佛法，并且把衣钵传给慧能，叮嘱他南下传法，但要忍耐一段时间，不要急于出来弘法，恐怕有人会加害于他。慧能离开黄梅后，和猎户们一起待了15年，淬炼身心。后来他来到广州法性寺开始弘法，慧能法师提倡"顿悟"，被尊为六祖。慧能在五祖那里8个月的舂米生活，15年在猎户中的隐逸生活，都是他避开矛盾、韬光养晦，"藏锋""守拙"的时候，也是他在专心钻研佛法的时候，正因为有这样一段时间的修炼和体悟，后来出来弘法，才能促进禅宗的繁荣发展。

案例2

自然的状态是人成才的最好状态。梁漱溟不仅是我国最后一位儒学家，还是哲学家、教育家、思想家。他自称"是一个有思想，又且本着他的思想而行动的人"。他的父亲梁济虽然是个清代的旧儒，却喜欢新学，把6岁的梁漱溟送到新式学堂中西小学学习，他的第一本启蒙书不是四书五经而是《地球韵言》。突然有一天，梁漱溟对佛学特别感兴趣，于是从琉璃厂买回大量的佛经开始钻研佛学，父亲也不管他，梁漱溟差点出家，父亲也没有干涉。20岁时梁漱溟才接受正宗的儒学教育，开始看《论语》，24岁时，只有高中学历的他因为一篇文章《究元决疑论》，被蔡元培聘请到北大教授"印度哲学"这门课程。1918年父亲梁济留下遗言"国性不存，我生何用？……我之死，非仅眷恋旧也，并将唤起新也"，然后跳积水潭自尽。父亲的死激起了梁漱溟"为往圣继绝学，为天下开太平"的决心，从此坚守儒学而不改。他辞去了北大教授的职务，和朋友们一起在河南、山东致力于乡村建设，认为"中国的前途必从复兴农村入手"。他一边思考、一边按着自己的思考实践，最后成为一位哲学家、思想家、改革家、教育家。他的一生，很少有功利的东西，很多随性自然的东西，梁济是要求孩子学习上进，至于学什么，他是不干涉的，顺着孩子的天性，由着他自己成长，自己调整，由西学而佛学，进而转到儒学。正是如此，他秉持一颗上进的心，一直在前进。不为了纯粹功利的目的学习，任其去尝试学习不同的学问，去思考不同的思想，让他自己慢慢调整，最后反而能成长为贯通中西的大家。我们如今把学生的所有时间都占满，每个人学的都是一样的奥数英语，用的是同一本练习册，上的是一样的课外班，模式太固化，可能很难培养出真正的大家来。

教育箴言

凡说之难，非吾知之有以说之难也；又非吾辩之难能明吾意之难也；又非吾敢横失能尽之难也。凡说之难，在知所说之心，可以吾说当之。

翻译：游说艰难，不是难在用我知道的内容来游说对方，也不是难在用我的辩才使对方明白我的意思，也不是难在用自己的气势来说明自己的主张。游说的艰难在于要了解你要游说的人的心理，而我的游说正好适合他。

提示：教育的艰难在于了解你的教育对象，而我施加的教育方法正好适合他。

第六辑　师生诉心声，《史记》传古今

把《史记》开发成一门课程，
让学生在历史的温度中生长智慧。

1. 引人入胜的《史记》研读选修课

清华附中 G1609 班　唐祎晨

早在高一的时候，我便听说选修课中有一门独树一帜的文化课——唐老师带领学生品读《诗经》。当时我因为种种原因错过了，但高二上的《史记》研读选修课，我没有错过，这短短一学期的课足以令我受益一生。

上第一节课时，老师向我们提出了一个问题："你们为什么要报选这门课？"我愣了一下，当时得知自己有幸选上这门人气超高的选修课时，只是感到激动，却没有静下心来叩问自己的内心，我为什么要来上这门课？同学们纷纷给出了自己的答案：有的说是因为自己早就有品读《史记》的想法，但一直没有行动，借此机会给自己一个动力；也有的同学说自己已经开始读《史记》，但是在读的过程中遇到不少问题，语句不顺，意义不懂，希望这门课能解决这些疑惑；也有同学的想法比较"功利"，直言自己想要提升文言文水平，引来了大家一阵善意的笑声。但是我还是没有弄明白我到底是为了什么来上这门课？我又想在这里得到什么呢？我又能从这里得到什么呢？

老师仿佛看穿了我们的疑惑，笑着对大家说，找不到理由也没关系，等期末考试后说不定你们就领悟到了。大家一下炸开了锅，还有期末考试？老师笑着向我们提前透露了"期末考试"的内容，与繁琐枯燥的试卷相比，这门课的"期末考试"可以说是别出心裁，我们要通过这一学期的学习，对著名的战国四公子进行一场"最佳公子"的辩论。随着课时的慢慢进行，一个个鲜活的历史人物出现在我们面前，从第一课的《报任安书》展露出的太史公的心胸，第二课的《项羽本纪》让我们了解了一个英勇固执刚愎自用的霸王的豪迈，到《外戚世家》混乱的权力纠纷，《淮阴侯列传》韩信的用兵如神却兔死狗烹……随着一篇篇文章的展开，我们仿佛又回到了那些历史中，品读着他们的人生，哀叹着他们的命运，有时感叹生死有命，有时又为一个计策拍案叫绝……从客观的记述中，我们逐渐了解历史的真相，而当太史公带着强烈的情感抒情时，我们也不难看出司马迁对事情的认知与看法。

不知不觉，一节又一节课过去了，一周只有80分钟的课显得十分短暂，很快便到了我们的重头戏——战国四公子列传。随着课程的推进，我们的理解能力逐渐深入，太史公隐晦的评价也被同学们一一找出——孟尝君田文，褒贬不一的齐国公子，赞他者说他以庶子之位，登上三国相国之位，实属不易，而贬他者则说，孟尝君特鸡鸣狗盗之雄尔；平原君赵胜，助赵国解邯郸之围，但也有过贪财而使赵国陷入危难的行为；春申君黄歇，其名声传到了现在，乃至今天"申城"之名依然不朽，却陷入了晚节不保的悲惨境地；信陵君魏无忌，太史公一口一个"魏公子"，赞赏之意显而易见，誉他为天下大道而行，但同学们亦有反驳之词，说他身为魏国臣子，削弱魏国帮助赵国，是为不忠之举……无论谁对谁错，这几节课，同学们争先恐后地发表了自己的看法，唇枪舌剑的辩论使我们的课程充满了激情与活力。

美好的时光总是短暂的，这门选修课马上就要结业了，而等待着我们的是最后辩论，我有幸成为春申君黄歇的代言人，并招揽了一大批同学与我并肩作战。课上已经充满了火药味，而课下的准备更是让人热血沸腾。每当繁忙的课务告一段落，微信群中总会频繁地提示有新信息，打开一看，不是某位同学找到了新的论据，便是哪位辩手又发现了对方的漏洞。在我们积极讨论和卖力准备中，最终的辩论到来了！

最终的辩论采取了抽签攻击的方式，每一位同学不仅要掌握自己所选择的公子的事迹与材料，同时还要关注另外的公子，这不仅增加了比赛的趣味性，也让同学们更加有动力去查找资料，准备论据。我方春申君一方"进攻"的公子是孟尝君，而"进攻"我们的正好是好评如潮的信陵君，同学们斗志高昂，摩拳擦掌。轮到我们发言时，我作为组长站到同学们面前，心中一时因为紧张而有些忘词，张着嘴一个字也吐不出来。

这时，我看到了我的组员们，他们的眼神中闪烁着自信，坐在前排的同学刚刚还嘱咐了我重点，后排的同学探讨了事件，哪怕是在前一天深夜，我们在群里也讨论得热火朝天。我定了定神，重新找回自己，开始了演讲。

战国之四君，其可称者，唯一春申耳，至于孟尝，平原，信陵三子，乃尸位素餐者也！

话音刚落，场下已经是一片寂静，而我也已经找到了状态，愈战愈勇，将我对春申君的理解宣泄出来。"在黄浦江畔，有一座繁荣的城市，她的名字叫申城，在申城中，春申庙，春申路，无不诉说着春申君黄歇对上海的治理。不仅如此，我们为什么称春申君为最佳公子呢？因为他的辩才……"我的演讲稿里，每一处都经历了修修改改，反复推敲，最终才凝聚成短短10分钟的演讲。话音未落，讲台下已经是一片掌声，掌声中有我的组员对我演讲的鼓励，也有其他同学对我方论据的认可。我作为整场比赛的排头兵，表现不错，信陵君的门客也早已经摩拳擦掌，在我的演讲中寻找着漏洞，准备向我们发起攻击。

"对方辩友将春申君吹得神乎其神，但是如何解释他晚年的行为呢？他非但不忠于楚王，甚至还想做'吕不韦'！"对方辩友不仅用上了自己在课上的所学，甚至还拉上了被《史记》课最终辩论吸引而来的辩论社的同学，对方言辞犀利，句句直指我方漏洞，一时间空气中只剩下他抑扬顿挫的语调和激烈的肢体动作。一番唇枪舌剑后我有些出神，甚至想为对方叫好，多亏此时我们的组员——演讲与辩论社的社长挺身而出，进行了有理有据、不卑不亢的反击。两位辩论社的同学一出马，整个辩论赛仿佛在升温，明明是刚开始，却已经如此激烈。两位同学你来我往，让我们大饱耳福，我们一边欣赏着精彩的辩论，一边吸收着两人的想法，又对两位公子有了新的更深的理解。

这边战火稍歇，那边就轮到孟尝君组来介绍自己。对方组员仿佛知道太史公的记述对自己不那么有利，没有选择和我们硬碰硬，而是选择了一种迂回的手段来为孟尝君赢得"最佳公子"的美誉。但是由于《史记》中对孟尝君的正面评价不多，再加上我们曾经学过王安石的《读〈孟尝君传〉》，"进攻"孟尝君的环节被我们认为是展现自己的最好机会，然而对方辩友即使有着最少的人数，仍然没有束手就擒，而是展现出了他们的韧性，甚至与我们对攻起来，于是刚刚平息下来的教室里硝烟再起……

随后的辩论也不平淡，信陵君组将《史记》中《魏公子列传》研究得细致入微，没有放过一点一滴的细节；而一直没有参与战斗的平原君组在演讲时别出心裁，用第一人称代入平原君，惟妙惟肖的表演仿佛把我们带回了战国时期，有鸡鸣狗盗的故事，毛遂自荐的自信，三千珠履的奢华，窃符救赵的勇气……酣畅淋漓的辩论过后，留下的不是对"最佳公子"名号的追求，而是无论胜者败者，对四公子、对战国时期、对《史记》，甚至对太史公留下的无尽思考都有了全新的认识。每一场辩论，都让我们对历史的真相更了解一分，对太史公的思想更深入理解一分。尽管我们最终以几票之差输给了信陵君，大家也都心服口服。大家聚在一起讨论我们在这次辩论中留下的问题和暴露出的漏洞，几个志同道合相互赞许的同学相互添加了好友，约好以后一起交流《史记》中的内容。

不知为何，我的内心中却突然空虚起来，抬起头来，却无意中瞥见了老师欣慰的笑脸。整个语文组的七位老师，为我们献上了《史记》文化的盛宴，在我们享受其中的时候，或许忘了老师备课准备的辛劳，但当我们这次真正自己准备的时候，才发现如此庞大的工作量，才意识到老师开设这门选修课的不易。

一转头，我又瞥见了自己的笔记本，满满当当地写满了我每堂课记下的笔记，有几页已经被涂抹得不成样子，有些字迹乱得仿佛只有自己才能看懂，再翻一遍，从《报任安书》到最后的四公子辩论，一页一页，都是先贤哲人思想的结晶，而我竟然三生有幸能将它们暂且封存在自己这本简陋的笔记本里，能在无人的夜里一遍遍地翻读，我的内心居然充满了感动，一时不能自已。

翻到封面，看到了一句话：我为什么要选这门课？我能从这里得到什么？当初还困扰着我的问题如今迎刃而解，这不是在这一时刻的顿悟，而是在每一节课、每一篇文章中答案已经慢慢浮现。最开始认识《史记》，还是在初中的语文课中，那时的我自然才疏学浅，又天资愚笨，怎么可能拜读并理解《史记》这种大部头的书呢？实乃心有余而力不足也！乃至上课前，这几本《史记》都躺在书架上，与尘埃作伴。如今几年过去了，我斗胆点击了《史记》研读课的报名键，一本大书又重现出现在了我的床头。而之后上课的过程，自然是如鱼得水，酣畅淋漓。我与《史记》结缘就如同张良被黄石老人授书一般，没有什么目的，甚至没有什么思考，一点点兴趣却打开了

《史记》的大门。读史便是如此。史若为干柴，兴趣便是星星之火，燃起的赤焰则是我与历史的化学反应，与无尽的远方无数的人一起的无限思考。不过，繁密的木柴反而会压灭火焰，读史要慢慢地读细细地烧，化开枯枝，才现精髓。

选择这次选修课，可能只是我生活中无意投下的一颗小石子，但它着实在我心中掀起了滔天巨浪。

2. "四公子选秀活动"中信陵君回答春申君的质询

清华附中 G1613 班　孙陈亦

同学们好，谢谢各位！

唐老师让我以信陵君的身份发言，真是不胜惶恐。对于春申君、孟尝君，同学们都以第一人称作了陈述，但面对"信陵君"三字我实在不敢如此。信陵君是谁？他是司马迁笔下战国时期四大招贤纳士的"君"中唯一一个"公子"。倘若我真的自称魏公子，那么就必如矫诏夺晋以鄙军救赵时一样，"单车"以代"国之重任"，然吾不能也，非公子不能也。然而面对许多支持春申君的同学，我仍然很高兴能以魏公子的一位"迷妹"的身份向你们介绍我的"男神"。

首先，魏公子是一个礼贤下士的人。《魏公子列传》称公子"为人仁而下士，士无贤不肖皆谦而礼交之，不敢以其富贵骄士"。他招揽人才能够自降身份，不以封君之位"压"人，反而平易近人，以此士"争往归之""致食客三千人"。而魏公子的客不仅数量多，质量上也绝胜其他三位公子。这就要求他慧眼识人。魏公子前后招揽过"大梁夷门监者，年七十"的侯嬴，屠者朱亥，博徒卖浆者毛公、薛公，他们都是不世出的隐者，然而在魏公子处却愿意也确实做出了很大的贡献。连李白也忍不住大呼"千秋二壮士，煊赫大梁城"。对比孟尝君"鸡鸣狗盗"之徒，可知魏公子的门客确实能力出众。然而能力出众的毛遂在平原君手下也尚且听到一句"先生不能，先生留"的妄言。再如春申君手下的观津者朱英，把话说到"毋望之福，毋望之祸，……安可以有毋望之人"的份上，春申君却还是不能有所作为而隐匿避祸。这是否可以证明信陵君在识人上比春申君略微了不起一点呢？

而我们评论一个人，便不得不提此人的才干与品德。此篇列传里对于其才干只寥寥提过几笔，写魏公子将兵"率五国之兵破秦军于河外"，写其与其门下客使"诸侯……不敢加兵谋魏十余年"。所以如果要更加全面地领略其人的谋略，还请翻看《魏世家》一节。而再说品德。回想春申君独身说秦释放楚太子完的时候，宁可自己一个人面对秦王得知太子完逃跑后的怒火也要把太子送回国，其行何壮，其心何忠！然而封君以后，衣帛食肉的春申君却"晚节不保"。不论是与平原君的客比富有，还是送孕妾入宫谋篡神器，不要说"忠于国家"，连自己的名声也难以保全。而魏公子自始至终，可以说是一心忠于国家，全心奉献国家。《魏公子列传》刚开篇就写他在与魏王弈棋之时安抚魏王，让魏王不要召集大臣商量战事，因为赵王只是"田猎"而非入侵。其安君心、稳臣心、释民心，不欲战事加于国家如此。而其养食客的目的也由此可见一斑。在救赵事后魏公子留赵十年，然而一听到魏国有急，毛公、薛公以国家存亡劝之时，"语未及卒，公子立变色，告车趣驾归救魏"，其心系国家亦如此。况且他是魏昭王少子，魏安釐王异母弟，本就是王室血统，离那个万人之上的宝座总比一个平民靠一时之勇保太子回国才换来的"君"要近，而后者尚且对王权有所惦记，魏公子却从来不为所动。至于春申君之死，正是因为谋权未遂而被李园豢养的死士刺杀。魏公子反而是因为"怀璧之罪"被魏王怀疑，无奈选择了"饮醇酒，近妇女"的生活，为了国家而听从了国君的指示，在奢靡中郁郁而亡。他为了国家奉献了自己的全部。将兵、养士直到死亡，他是真正的忠义之人，一如《魏公子列传》的作者史公本人。

提到司马迁，则不得不提公子的又一个特点。我们前面说，公子为了扩大自己的势力能够礼贤下士，是一个"个人的人"；公子为了魏国奉献一切，是一个"国家的人"。而最重要的，也是最受推崇的，他是一个"众人的人"。他可以急人之困，可以察人之心，可以明人之意。秦昭王兵围邯郸，魏王及公子的姐姐为赵平原君夫人，向魏国求救。然而魏王恐引火烧身不敢发兵，公子却能为之"数请魏王"，为之"说王万端"，无计可施时，他甚至真的能与宾客车骑百余乘赴秦军，"与赵俱死"，宁为玉碎，成仁取义。而后侯生提议"窃符救赵"，甚至最终椎杀晋鄙以成行，用这样决绝的方式解赵国之困，不能不让人想起"大行不顾细谨，大礼不辞小让"的说法，让人释卷为之长呼一口气。然而这种热血并不盲目。为了兵符，公子特意敬请如姬盗之，可见其行事之章法。而甫一听到侯生要他椎杀晋鄙的计划，他却也"泣下"，谓之"嚖啴宿将"，怜惜其才。直到侯生约定"北乡自刭"才决意为之。司马迁在这里为我们塑造了一个真正的"人"，其并不完美，但是刚柔并济、自圆其说，所以很完整。由此看去，公子听得门下客劝告他不必为赵五城之封而自矜时，他才会有"立自责，似若无所容者"。这一个"立"，可以说是把公子的性格里那种变通和明达的通透写尽了。其本身就极为真诚，而即使一时半会的疏漏也能虚心听取建议并明悟。他不以建议者本人来考虑建议本身，有一种伟大的人性与义气，以他真实、真诚，虚心纳士、忠君报国，而又有一种人间世人绝难做到的通透和包含，最终成为司马迁《魏公子列传》里长呼感叹的百次"公子"，成为李白诗中的"闲过信陵饮，脱剑膝前横"，成为多少文人墨客心中最暖的一股力量，直至今日，依然以其"比真实更加真实"成为我们的"男神"。

　　本篇列传开篇一句是"魏公子无忌者，魏昭王少子而魏安釐王异母弟也"，这句或许已经奠定了公子有才而非嫡长子、只能郁郁不得志的结局。史公《自序》中说："能以富贵下贫贱，贤能诎于不肖，唯信陵君为能行之。"或许这种不计代价的大义与令人向往的真实，便是我们每个人如此崇敬、憧憬而念念不忘公子的原因吧。

3.《史记》研读选修课的收获及感悟

清华附中 G1609　刘爱萍

　　在跟随唐老师阅读《史记》的一个学期中，我收获了很多以前阅读其他名著时未曾有的收获，在这里既有独辟蹊径的阅读思维方式，亦有在体悟《史记》各色人物所拥有的人生哲学后学习到的写作技巧。

　　就至今为止所上的课中，对我影响最大的其实是唐老师坚持要在《史记》原文品读之外另加的《报任安书》一课。犹记得唐老师在讲这一课时的痛惜叹惋和悲愤怆然，"所以隐忍苟活，幽于粪土之中而不辞者，恨私心有所不尽，鄙陋没世，而文采不表于后世也！"在开始阅读《史记》之前，我也像大多数人一样，用固有的思维模式将太史公局限于作文中"于苦难中蜕变"的陈旧例子，将《报任安书》中"盖文王拘而演《周易》；仲尼厄而作《春秋》；屈原放逐，乃赋《离骚》；左丘失明，厥有《国语》……"的铺陈断章取义引为荒谬的苦难哲学，却忽略了"夫人情莫不贪生恶死，念父母，顾妻子，至激于义理者不然，乃有所不得已也"的前提。而唐老师在讲课时，重点分析了太史公对"身非木石，独与法吏为伍，深幽囹圄之中，谁可告诉者"所历的世态炎凉、人情冷暖的怨尤和愤懑，以及他"草创未就，会遭此祸，惜其不成，是以就极刑而无愠色"的生死观。因而当我在读完《报任安书》，再于《史记》课堂上阅读其他篇目时，太史公对范蠡的辞富贵而求富的推崇、对魏公子"急人之困""计不独生而令赵亡"的钦敬感慨就一一映射到了其"交游莫救，左右亲近不为一言"的经历上。找到一个独特的视角，再分析书中的人物心理、太史公的写作意图，就更容易得到不一样的结论，这是我在课堂上收获的阅读《史记》的方法。而在我看来，若说

《报任安书》中司马迁字字血泪，愤激怨怼之气汹涌而出，那么《史记》便是太史公收敛锋芒后，为"究天人之际，通古今之变，成一家之言"，隐忍地将内心的情绪和历经生死选择后进一步形成的生死观，融合于历史人物之中。两者相辅相成，缺一不可。

"人固有一死，或重于泰山，或轻于鸿毛。"课堂上，唐老师引导我们通过思考书中各个人物的人生，来对应完善自己的人生观、生死观。大夫文种难以舍下越王身前的富贵荣华，赐剑自杀；苏秦穷困时忍辱发愤，成功后以直报怨，最后以尸体为自己报仇；留侯张良推功保身，谨慎小心，最终寿终正寝；范蠡助勾践复国后毅然请辞，泛舟于五湖，功成身退，实现人生大乐。课堂上，我们各抒己见，分析导致书中人物走上相应道路的因素，用创作对联的方式，总结帝王将相、志士谋臣的处世方式、哲学手段。一次次的尝试与思考，让我开始有些明白儒、道、法之间的平衡，让我想要同范蠡一般以出世之心去对待入世之事，尽吾志而不悔，于家国亦无愧，不让身形驱使内心，不让生命为功名所累，保持生命的本真，实现人生陶然之乐。于是，在《未尝浓烈枉一生》等文章中，我表达了16岁的自己初步形成的对于人生的一点感悟。文章中引用了《史记》中范蠡等人的语句、典故多次，但从文中可以看出这绝对不是为了炫耀，因为我赋予了与它们匹配的论述和思想。我一直觉得这是一件很幸福、很有成就感的事情——当我想要表达自己的感情和思考时，有那么多跨越千年的资料可以恰如其分地加以佐证，使我的论述变得更加饱满有力，也更利于他人理解。其实，我在文章中竭力倾诉的被称为"人生感悟"有些夸大其词，毕竟我还是十多岁的学生，能有什么大彻大悟的东西呢？但就是那一次次在课堂上的捧书思考，论述分享，一次次在文章中的摸索领悟，组成了17岁的我身上的一些最宝贵的东西，而将它们赠予我的，即是我在唐老师的引导下阅读的《史记》。这种课带给我的是一种全方位的影响，而写作上的提升大概就是一种自然而然的益处罢了。

阅读《史记》不只是为了在高考文言文阅读中拿到一个较好的分数，也不只是为了给自己的写作提供益处，更多的是帮助自己不断成长，对人生观、价值观进行浇铸。我想这就是唐老师经常对我们说的"书在有些时候，是可以救你们的命的"的意义所在，也是《史记》给予我的最大收获。

4. 史记课给我的人生增添了厚度

清华附中 G1613　陶一铭

记得学完《伍子胥列传》一课后，唐老师给大家提出来一个问题："你们认为伍子胥鞭尸的做法对不对？这一问题没有标准答案，但你们要说出自己的看法和理由。"然后唐老师让我们与周围的同学互相讨论，交流看法。讨论结束后，同学们纷纷发言："我认为伍子胥掘坟鞭尸的做法太狠毒，伍家世代为楚臣，至于伍子胥竟然掘平王墓，鞭尸三百，这是不忠不义到极致，简直没有天道了。""他鞭尸平王，是为父兄报仇。我们没有承受伍子胥十几年来压在心底的痛苦，无法想象伍子胥是多么恨楚平王，多么渴望报仇。我们不能指责伍子胥，所以我认为伍子胥鞭尸的行为是完全可以理解的。"……在唐老师的循循善诱下，学生们的思维逐渐活跃，纷纷提出了自己的认识。

还有一节课我印象也很深刻，讲的是《孟尝君列传》。唐老师说："请大家思考一下，孟尝君的人格、事迹给了我们哪些启示？"一位同学举手发言："孟尝君个人能力很强，他在小时候就可以为自己辩得生存的权力，还为自己谋得了继位权。但是他的人品我不敢恭维，他是一个极端的自私自利之人。""孟尝君没有德行，但是谁又教过他呢？由于独特的出身，孟尝君在教育上是有欠缺的，这形成了他不健全的人格。还有哪位说说自己的看法？""我觉得孟尝君有点自卑。""自卑，为什么？""因为我感觉孟尝君做事有点虚荣，比如他养士的目的是好客自喜，摆架势而已。另外他性格里还有些偏激，赵国某县有人笑话了他，孟尝君居然带着门客把这一县的男子都屠杀了。所以我觉得孟尝君心里很黑暗。""说得很好，孟尝君身上有这些问题，但是各位，这给了我们什么样的启迪？反求诸己，我们能否克服孟尝君身上的缺点呢？"……诸如此类的例子还有很多，我不能一一列举。和唐老师学《史记》，每节课都可以获得一些人生上的启迪。

《史记》是中国历史上的经典名著之一，近现代以来也一直受到广大读者的喜爱。但如此宏大的历史与文学巨作，其中蕴含的深奥思想和太史公卓绝的史识，却是以历史故事的形式阐述的，正如太史公说的"成一家之言"。所以，这对没有太多人生阅历的高中生来说，阅读起来有些难度，我们还没有完全做好阅读《史记》、了解《史记》的准备。而现在我只要能吸收到《史记》智慧的万分之一，这对于我将来的人生也会有颇多助益。抱着这样的想法，我报名了唐老师的选修课。

唐老师在第一节课上先讲了《报任安书》，这堂课对我影响很大。《报任安书》里，我看到太史公承受着对其个人和家族难以想象的、精神和肉体双重的屈辱与折磨，隐忍苟活著作《史记》。他著作的动力来源于他的生死观——人固有一死，或重于泰山，或轻于鸿毛。所以在写伍子胥、范蠡、陈涉等人的时候，他也是在写自己。"假令仆伏法受诛，若九牛而亡一毛，与蝼蚁何以异？"正是太史公的这种生死观，推动着他以极大的勇气继续活着，忍辱著书，名垂千古。

看到这些，我开始想如何对待自己的生命。在遭受巨大挫折的时候，活着往往是需要勇气的。在读完《报任安书》《伍子胥列传》等篇目以后，我感觉自己生活中过去和当下经历的那些小事根本就不叫挫折。接触太史公的《史记》以后，他就成为我的一位古代"朋友"，每当想不开或心情烦闷时，我就会想起他，也会更加坦然地面对生活中那些微不足道的小挫折。

跟着唐老师上史记课，我获得了许多诸如此类的人生启迪。看到留侯"忍一时之小忿，争一生之高下"，看到韩信于众人面前受胯下之辱的经历以后，我在生活中也有意做到"隐忍"：改掉从前一触即发的暴躁，多了一些沉着冷静；读到苏秦最初被家人嫌弃，受到刺激的他潜心苦读一年以后，居然纵横天下，挂六国相印，我更深刻地感受到一个人要想成就自己，就必须奋发图强，积极进取，所以那次课后，我就把苏秦当作"竞争对手"，比赛谁更用功学习；在《魏公子列传》中，公子的门客教会我一个做人的道理——"物有不可忘，或有不可不忘"，就是说人绝不能忘记别人对自己的恩情，要懂得报恩，但自己有助于人还是忘掉为好，千万不要像许攸那样，恃功而骄，恃功而傲，最终招来恶果……

　　我，一个刷题应试的理科生，学习生活往往是单调无趣的。阅读《史记》让我增长了许多见识，明白了一些道理，让我简单的人生变得充实多彩起来。感谢太史公给我们留下如此珍贵的文化宝藏，感谢唐老师引领我走进了《史记》的天地。

5. 一本愿意一翻再翻的书

清华附中 G1611　秦梦陶

翻开《史记》，是开学的第二节课，继续读项羽。教室的窗帘全部拉开，显得宽敞明亮许多，一扇窗户半开着，依稀可以听到楼下已经放学的初中生自在地畅谈。我刚跑完操，周身散发的热气在微黄的纸页上升腾，渐渐散开，心绪也慢慢平静下来。

一上课，老师的语调就明显与上次课不同，不再那样高亢有力，她说又要到她最不想讲的一段了：诸侯作乱，范增出走，一次次相信刘邦的议和，却又一次次被欺骗。这便是史书的无情，让人眼看着一位曾经那样得意的传奇英雄就这样一步步走向末路。

终于，四面楚歌响起，项羽独坐在黑暗的舞台上，独属于自己的演出即将落幕。没有过多的分析解释，老师只是淡淡地念起了原文："项王军垓下，兵少食尽，汉军及诸侯兵围之数重……"

静静地听着，我微微转头，突然发现窗外天色已经暗了，校园里没有了玩闹的学生，静得甚至有些凝重。一丝风涌来，凉凉的，吹落了一片枯黄的木叶。回想起几个月前，玉兰花初开时，我曾多少次在旁驻足观赏，那时的它还是那样新鲜，活泼，肥厚，可爱。

"……力拔山兮气盖世，时不利兮骓不逝。骓不逝兮可奈何，虞兮虞兮奈若何！……"

暗黄，棕黑，硬脉，脆皮；摇摆，挣扎，奋起，怒吼。叶子在风中忘记了衰老躯体的疼痛，疯了似的狂舞着，爆发出一生最耀眼的美。

但无法抗拒的是，它还是重重摔落到地上，黄土夺走了它最后一丝气力，它静静地躺下了。在最后的黑暗中，不知叶子是否还记得春风的温润。

等我回过神来，老师的朗读声已经停下，但同学们仍安静地低着头。眼神无目的地随意扫视着文章的最后一段，我想起《杀死一只知更鸟》中的一段话："勇敢是：当你还未开始就已知道自己会输，可你依然要去做，而且无论如何都要把它坚持到底。你很少会赢，但有时也会。"

之前也看过几次垓下之围，但总是不理解项羽最后那些奇怪的举动，现在我明白了这是他直到生命尽头的坚持。虽然没有真正实现他少时"取而代之"秦始皇的梦想，但他其实才是真的赢了。

在项羽逝世二百多年后，一位不凡的中年人写成《项羽本纪》，热烈激愤。两千年后，一位普通的中学生读到《项羽本纪》，心怀敬仰。

6. 读史

清华附中 G1611　秦梦陶

从爸爸悠远风趣的家族故事，说书人激情洋溢的文臣武将，到我独自在灯下摊开一本大书细细品味，虽然情境在变化，不变的是一个懵懂少年对历史持久的热爱。

怀着这份自儿时便拥有的热爱，我在高一的一次语文课后，第一次紧张而期待地翻开了一本真正的史书——《史记》。现在想来，老师真是用心良苦，她布置的第一次阅读内容并不是什么著名人物，而是不像历史却更接近小说的《刺客列传》。我当时虽文言水平不高，但在一个个刺客有趣故事的吸引下，竟也磕磕绊绊读完了全篇。这第一次真正的读史经历给我留下了很深的印象，我记住的倒不是那些刺客的惊人事迹，而是一种微妙的感觉，正是这说不清的感觉让我坚持读了下去。

之后的一年里，只是因为老师的几次人物分析作业，我才简单地读了几篇，主要还是关注它所记录的故事，并没有仔细思考。直到高二的《史记》研读选修课，每周固定的两节课让我重新拾起读史的快乐。四节课品评项羽，耳边还回响着垓下之围的悲壮楚歌；一周阅读陶朱公，身后一叶扁舟早已消失在茫茫天际；在庄严肃穆的朝堂上，为四公子的雄辩惊叹；在冰凉清冷的汨罗江畔，聆听一位赤脚散发的失意人最后一次吟诵他血泪的悲歌。渐渐地，眼前一扇透着暗光的古老大门变得愈加清晰，终于发出低沉的吱呀声，缓缓打开。

从文臣到武将，从贵族到平民，各种地位，各种性格。他们一个个从门后走来，诉说着各自的故事，诉说着各自的志气，诉说着那个多变的时代和那种不变的文化。在他们身后，我隐隐看到了那个古老的社会，有战乱，有不公，有背叛，但也有和平，有开明，有真情。在无尽的时间面前，人类是那样微不足道，但每个人仍努力对抗着命运，活出独属于自己的人生。历史要记录的并不只是过去发生过的人和事，更多的是记录一个时代的气象，一个社会的变化，一种文化的流传及一种几千年后的读者仍能切身体会到的微妙而复杂的感情。

如今学业逐渐紧张，我也很少再读史书。但偶尔一个晚上，收起令人烦躁的数学、物理卷子，随意翻开一篇传记，沉下心来细细品味，仍能感到两年前初次读史的舒畅。借用洛夫先生《血的再版》中的最后几句话来表达历史对我的影响和我读史的感受：

我举目，你是浩浩明月
我垂首，你是莽莽大地
我展翅，你送我以长风万里
我跨步，你引我以大路迢迢

千册万册
源远
流长……

7. 用历史打造人生支柱

　　我为什么想到要这样理解《史记》？为什么要这样给学生讲《史记》？因为我觉得生命的成长离不开历史，生命教育需要丰厚的历史意识。而且我自己从《史记》里所获良多。

　　对我来说，读北京师范大学中文系，上韩兆琦先生的《史记》课，是我一生中非常幸运的事情。有专业必修、专业选修和公共选修，只要韩兆琦先生开《史记》，我都想方设法去听。如今看到《史记》成为《高中语文课程标准》中学生课内外必读书目之一，我由衷地感到高兴。下面结合十年来开设《史记》选修课而不断阅读《史记》的经历，谈谈《史记》于我的重要意义。

　　（1）《史记》是一本教我奋发图强的书，是引领我走出抑郁的书。

　　记得在北师大教七101教室，我第一次听韩先生讲《史记》，第一次花不菲的价钱，买了一本岳麓书社出的韩兆琦先生评注的《史记》，就是在那节课上，播下了热爱读《史记》的种子。我发现历史原来那么有意思。苏秦、张仪、勾践、重耳、范雎等历史人物如同放电影一样一一展示在我面前，这些人物后来也逐渐活在了我的生活中，在我时常想放弃的时候，鼓励我继续努力。所以，当我教育生涯的瓶颈期到来时，当我处于抑郁时，当我彷徨无助时，是太史公的文字陪伴我、激励我。那时，我才发现文字背后伫立的太史公，虽然他命运多舛，却又是那么坚强。我有什么痛苦能比得上他呢？我有什么理由不去努力呢？当我慢慢走过那段岁月，我发现，读《史记》不是为了得学分、得奖学金、得到阅读的快乐，而是能够让我超越自

很老很老的育儿经
历史故事中的家教智慧

己，从而成为现在的自己。所以，我的《史记》选修课的第一课，总是讲《史记》是一本救命的书。太史公把当初陪伴他走过低谷、走过绝境的人写了下来，传给了我们，我们接过它，这是极难得的幸运。当初我是懵懵懂懂地碰到了恩师韩兆琦先生，而如今，作为一个规定，让每一个孩子都能碰到这样一位可敬的师长——司马迁，真是民族之幸事。

（2）《史记》是一本教我规划和建构人生的书。

读了这么多年的《史记》，并无多少研究，但是却发现一个规律，人生是要有规划和建构的。你看苏秦游说的国家顺序，卫鞅游说秦孝公的顺序，范蠡由复国之重臣到致富之陶朱公，吕不韦奇货可居的策略，秦王嬴政掌握权力的过程，都是精心设计的结果。平凡如我也要建构自己的人生。我没有功业可建，但是我可以去挖掘人生的构造因素。经过梳理，我发现人生其实需要仁、志、忍、力、义、退六部分，这样建成的人生大厦有硬度，有高度，有厚度，有韧度，有柔性。有高远之志的人生有硬度，不会轻易就被生活的压力压扁，能挺直起来；有大义的人生有高度，不会趋炎附势，随波逐流；有仁爱之心的人很宽厚，想他人之所想，思他人之所思。己欲立而立人，己欲达而达人；会忍耐、能隐忍的人有韧度，不易被困难压折；会退让的人，在功成之后会心生恬淡之心，心气平和，不会得意忘形。建构起仁、志、忍、力、义、退的人生，就是建构起有硬度、有高度、有厚度、有韧度、有弹性、知进退的人生。这样的人生，不惧风雨，心怀天下，不怕失败，不轻言放弃，知适时而止。

（3）《史记》是一本教我独立思考认识历史的书。

读《史记》让我思考伍子胥的苟活和屈原沉江的区别，让我思考魏公子的门客和孟尝君的门客的高下，让我思考廉颇勇于改过的意义，蔺相如宽厚待人的可贵，须贾赠给范雎一件绨袍的温暖……正是在这一个个历史事件的思考中，我发展了自己的思维，提升了思考问题的深度，在具体的历史情境中，我的思考力得到发展。

（4）《史记》是一本教我愿意展示自我、突破自我的书。

我读到秦王颁布的逐客令，心里当初也是不平的，而李斯的一篇《谏逐客书》让秦王收回成命，这就是文字的力量。苏秦，洛阳的一介布衣，一番建言，挂六国相印，这是纵横家的风采。子贡，一轮游说，保存了鲁国，消灭了吴国，削弱了齐国，壮大了越国，这是外交口才的魅力。在今天，我们同样要展示自我，突破自我，树立自信。正是因为对辩士的崇拜和模仿，我也逐渐能控制自己的课堂，能和学生进行辩论，也赢得了课堂自信。

（5）《史记》是一本教我领悟写作的书。

一篇篇赏读下来，我发现天下好文多在《史记》中。写人物之法，《魏公子列传》堪称写人方法大全：正面描写公子礼贤下士细节处处可见；侧面描写侯嬴朱亥毛公薛公无一不是在衬托公子；实写有公子急赵国邯郸之困，虚写有公子报如姬父死之仇；前有公子下棋知赵国国君动向，后有公子被废，竟以酒病卒结尾，此为照应之艺术。写作技巧如此可见一斑。所以，把《史记》钻研清楚，文章大法大略了然于胸，作文水平自然提升，行文自信自然形成。

（6）《史记》是一本让我对民族文化充满自信的书。

太史公有足够的自信认为自己的文章必将流传后世。此书里有心忧天下的历史情怀，有积极进取的人生理念，有逐利不耻的经济思想，作者说"亦欲以究天人之际，通古今之变，成一家之言。草创未就，会遭此祸，惜其不成，是以就极刑而无愠色。仆诚以著此书，藏之名山，传之其人，通邑大都，则仆偿前辱之责，虽万被戮，岂有悔哉？"是啊，如今这本太史公忍受奇耻大辱写出来的书流传到了后世，我们如果是那个继承学说的"其人"，太史公必将含笑九泉。现在，《史记》成为高中新课程标准的必读书，我用20年来的《史记》研读和教学证明：通过这本书确实可以继承我们民族的文化传统，可以提高学生的思维品质，可以帮助学生形成良好的人生观、价值观，而且还因它的内涵丰富、寄托深远，可以成为学生安身立命之书，可以彻底治疗"空心人"病症，可以作为"生命教育"的重要阅读和教学材料。

"生命教育"（death-education）一词，是20世纪60年代美国针对社会中吸毒、自杀、他杀、性危机等危害生命的现象而提出来的，其目的是通过生命教育唤起人们对生命的热爱，消解对生命的威胁。

肖川教授在曾在文章中将生命教育划分为三个层面：第一个层次的生命教育是真正人道的教育，不仅要对学生的升学考试负责，还要对学生的生命质量负责，更要对学生一生的生命质量负责，要为学生的幸福人生奠基。第二个层次是生命教育作为教育的存在形态——生命教育就是为了生命主体的自由和幸福所进行的生命化的教育。生命教育应该是真正充满活力的人的教育，是引导人生走向美好和完善的教育。第三个层次是把生命教育作为教育的实践领域。我认为给学生教授《史记》就包涵了此三个层面的生命教育，既是为学生的幸福人生奠基，同时也是为了生命主体的自由和幸福奠基。

我国现在出现了很多"空心人"，也有教授指出目前的很多大学生是"精致的利己主义者"，他们之所以"空心"就是因为他们没有目标、没有人生支柱。因此，我们亟须对学生进行生命价值观的教育，而且是切实可行的生命价值观教育。用鲜活的历史故事，用太史公深沉的思考，来引领中学生思考人生的基本信念。那么我们的生命究竟需要什么来支撑呢？经过20年对学生的观察，我发现优秀的人的完整人格包含这六部分：仁、志、力、忍、义、退。

"仁"，"仁者爱人"。从字源学上看，仁字从人从二，指人与人之间相依相耦，独则无耦，耦则相亲。可以说，仁是由人本身引申出来的行为原则，它要求人们以人为人，相亲相爱。仁是一种博大的爱心，它要求把别人的疾苦当作自己的疾苦，促进他人的幸福。它从爱亲人到爱别人到爱天下。仁是儒家思想的核心，能做到"己欲立而立人，己欲达而达人""己所不欲，勿施于人"。仁爱的人不会草菅人命，也不会轻易自杀。一些自我放弃的人多半都对自己失望，对自己不满意。而感觉自己被别人特别需要的人，往往不容易绝望。

"志"，也就是"理想"，是指某种坚定的信念，是追求某种价值目标的宏愿和决心。"夫志，气之帅也。"如同攀登高山，如果没有攀登的目标，则不会有攀登的行动。或是为了目睹奇险的风景，或是为了享受征服自然的乐趣，或是为了挑战自我、锻炼自我等，这便是志。有"志"的人就会有希望，没有"志"，就会没有希望。

"力"，志是一种主观愿望，但没有力，不足以实现生命的价值。正如王安石所说"有志矣，而又不随以怠，然力不足者亦不能至也"。这份力便是身体力行、有行动、有实力。这份"力"，也是一份勇气，是立志后行动前那一瞬间的一股力气。它是蔺相如持璧后退的倚柱，是信陵君带领门客欲去赵国赴死的豪情。我们应当培养学生生存的能力、发展的实力。同时也要涵养学生身上的那股追逐理想的勇气、挑战困难挫折的勇气。

"忍"，实现生命价值的过程，如同攀登内心设立的高山，中间难免有懈怠、有险阻、有跌倒。那么怎么办呢？想到自己的目标，必须忍耐。苏轼云："君子之所取者远，则必有所待；所就者大，则必有所忍。"这个"待"正是"志"，为了它，司马迁忍辱含垢发奋著书；为了它，勾践屈身为奴；为了它，韩信胯下俯身；为了它，革命家身陷囹圄，壮心不已。

　　"义"，即正义。一切皆爱，那只是我们的美好愿望。一切都忍吗？那是我们丧失了是非。爱与忍的标准便是义，爱真善美的、追求一切符合正义的东西，恨邪恶的、非人道的东西。否则美便没有了空间、没有了生长的地方。

　　"退"是退避，人生不只是有进取的雄心，还要有退却的勇气和智慧。退是得意时最好的冷静剂，是盛极处可靠的护身符。

　　"仁"是根基，有了爱护他人的根基，在生活中就会找到和自己一样尺码的人，找到自己志同道合的人。而纯粹的自私的人则迟早会被别人抛弃。"志"是骨架，无志，人无以立身；有志，人赖以积极向上。而"力"是往上生长的欲望和努力，无生长之力，就没有促使草儿萌芽，树儿长高、开花结果的力量。唯有尽"力"，才能长得足够高、足够好。"忍"是成长过程中的必要克制和等待，草萌发，树长高，人成长都会有阻碍和困难，期间必须忍受其难其苦，无"忍"，则往往半途而废、无功而返。"义"是树成长的正确方向，开始是来自父母、师长、书本，后来就是靠自己来把控。而"退"是一种特殊时候的自我保护，行走在悬崖，"退"而能全身；达至高处，"退"而能重新开始，继续进步。

　　这样建成的人生大厦有硬度，有高度，有厚度，有韧度，有柔性。用这六部分砌成的生命大厦不会随便倒塌，它会岿然站立，绽放生命特有的光彩。从这六个方面开展的生命教育，能传承我们的传统，能培养出具有中华特质的脊梁。

　　当今社会，人们越来越重视"人生观、生死观、世界观"（即"三观"）的教育，怎么才能让"三观"教育有意思，不引起孩子的反感？我们可以借助《史记》中的故事来开展，可以从生命教育入手来开展。因为一个尊重自己生命的人，必然会珍惜自己的生命，同时也会珍惜别人的生命；一个有着积极的生死观的人，会愈挫愈勇，会在是非面前意志坚定。而这些正是《史记》中所蕴含的精神宝藏，了解太史公、读太史公笔下的一些经典篇目将有助于学生形成积极的人生观与价值观。

读《史记》，能为学生提供这六个方面的滋养吗？

答案是肯定的。

我自己就从《史记》中受益匪浅。我在大学时上过韩兆琦老师的选修课——《〈史记〉研究》，从课上获得了阅读《史记》的乐趣，这些年来我在工作之余不断地品读，随着阅历的增长，越来越觉得《史记》对我成长和为人处世影响很大。我曾经也经历了人生最艰难的时刻，在我支撑不下去时，又开始翻读《史记》。读《史记》让我明白，与太史公笔下的历史人物及太史公自己相比，我的苦难又算什么呢？于是我把《史记》视作我安身立命的大书。现在有很多学生考上大学后，就成了"空心人"，因此我们的学生需要寻找生命的意义。生命的意义从何而来？从经典阅读中来。比如《史记》会促使我们思考我们为什么活着？我们要成为什么样的人？

《史记》何以能支撑生命的大厦呢？

首先，《史记》的整本书阅读完全契合当今的时代需要。

读《史记》可以促使学生继承和弘扬中华优秀的传统文化，培养文化自信，帮助学生认识历史和自我，学会用《史记》中的"仁、志、力、忍、义、退"来培养正确的三观，打造人生。

其次，生命大厦所需的"仁、志、力、忍、义、退"这些观念在太史公身上都有体现。

司马迁的一生可分为这样五个阶段：童年时期—漫游时期—侍从和奉使时期—为太史令时期—著书立说的开始、挫折和坚持时期。童年是他立志并学习的阶段；漫游四方则是他尽力为实现理想积累力量的阶段；侍从和奉使在汉武帝身边接触并了解了当时的时代需求、帝王朝臣的一些真实史料；而为太史令时期是司马迁切实接受父亲遗愿并开始实践的阶段，这个阶段他在国家图书馆里阅读整理了大量资料；之后的阶段里，他遭受了挫折，经受了生与死的考验，终于忍辱而发愤著书。

在作品中，司马迁表达着他敬重仁者的价值观，在作品中，他讴歌那些具有仁爱精神的小人物、大将军，嘲弄批判那些高高在上、无视百姓利益、穷奢极欲、因人成事的帝王名臣。司马迁认为，死要死得其所，活要活得有价值，在司马迁看来，自己的最大价值就是写成一部历史著作，在这部历史著作中表达理想的人性和社会及理想的人与人的关系。是啊，用志、力、仁、忍、义、退武装起来的司马迁虽然被汉武帝施了腐刑，但他还是一位顶天立地的男子汉。在和帝王的较量中，司马迁其实是真正的胜者，因为他留下了他的思想巨著《史记》。

他在《史记》中建构着他的人物评价观，褒扬宽厚仁爱、鼓励立志发奋，欣赏忍辱负重，弘扬舍生取义，批判自私自利、不顾大局。

（1）赞歌献给仁者——信陵君、李广、蔺相如。

战国时期流行养士制度，各国诸侯包括贵族都意识到人才的重要性，所以纷纷想方设法招揽门客，并且以门客的多少作为衡量身份地位的标志之一。最著名的战国四公子：楚国春申君、赵国平原君、魏国的信陵君、齐国的孟尝君，太史公为这四君子都作了列传，四君子列传中唯独称信陵君为"公子"，而且在全文中一共用了147处"公子"，可见太史公并非随意用字，实为信陵君是太史公最为欣赏的人物，他与其他诸公子比较，要高尚得多。因为他"为人仁而下士"，四公子中只有魏公子有这样的赞誉。我们知道，司马迁跟孔安国学过《尚书》，跟董仲舒学过《春秋》，他的父亲司马谈对儒家学说也特别有研究。所以司马迁不会轻易用"仁"字。"仁"是孔子思想的核心，仁者爱人。公子仁，礼贤下士，不以富贵骄士，以致门客三千人。门客中有给魏公子献"窃符救赵"计策的侯嬴，有劝魏公子"回魏国抗秦"的毛公、薛公，还有众多愿意跟着公子去赵国赴死的门客，这些都是魏公子仁而下士的感召力的体现。

蔺相如是太史公喜欢的一个外交家，论口才，苏秦、张仪要更好，为何作者如此青睐蔺相如呢？因为他大智大勇之外，还有一种宽厚的品格，一种先国家之急而后私仇的情怀，也就是他所说的"退而让颇，名重泰山"。他对廉颇十分退让宽厚，其名气比泰山还重，这不是仁爱他人是什么呢？

李广是作者极为欣赏的一位将领，他身上具备司马迁心中理想将领的风范——仁。《太史公自序》云："勇于当敌，仁爱士卒，号令不烦，师徒向之，作《李将军列传》。"那李广如何仁爱士兵呢？"广廉，得赏赐辄分其麾下，饮食与士共之。终广之身，为二千石四十余年，家无余财，终不言家产事。……广之将兵，乏绝之处，见水，士卒不尽饮，广不尽水；士不尽食，广不尝食。宽缓不苛，士以此乐为所用。"李广得到的赏赐都分给了下级，和士兵共饮食，先让士兵喝了水，吃了食物自己才吃。以致李广死后，广军士大夫一军皆哭。百姓闻之，无论了解他的还是不了解他的，无论老幼皆为他垂泪哭泣。

仁者爱人，严己宽人，勇义兼具，他们待人恭敬谦逊，不以身份地位而傲视他人。当今时代同样呼唤这样品质的人。

（2）欣赏赠与有"志"之人——项羽、刘邦、陈涉、陈平。

司马迁写人物特别喜欢写他们少年时的理想和抱负，在他看来，一个人后来的成就与当初立下的志向有非常强的正相关。而对于胸无大志、庸庸碌碌的人，作者是鄙夷的。如平原君带到楚国去游说楚王的另外19位门客，太史公通过毛遂之口说："公相与歃血于堂下，公等录录，所谓因人成事者也。"毛遂指责平原君的其他门客，说他们庸庸碌碌，只是依靠他人（毛遂）才做成了这件和楚国结盟的事情。有理想有抱负，并通过努力去实现，这样的人是太史公心目中的英雄。

陈涉出身贫寒，少时，曾经帮人家耕田，一天在田埂上休息，惆怅遗憾了很久，对大家说："如果有一天我富有了且有地位了，一定不会忘了你们。"帮佣的人笑着回答说："你现在帮人耕田，怎么会富有且高贵呢？"陈涉叹息说："哎，燕雀怎么知道鸿鹄的远大志向啊！"陈涉起义时发出了"且壮士不死即已，死即举大名耳，王侯将相宁有种乎！"的口号，成王侯将相这是雇佣长工出身的陈涉的理想。太史公赞扬了陈涉的志向高远。

陈平年轻时，在乡里参加祭祀活动，当割肉的主管，分肉分得特别均匀，乡里的老人都说："好啊，陈平这小子分肉分得均匀。"陈平说："唉，假如让我来分天下，也可以像分肉一样均匀。"陈平后来为刘邦六出奇计，辅佐高祖，当了汉朝丞相，实现了自己少年时"分天下"志向。太史公在开篇就用这不凡的志向肯定了陈平的非同寻常。

由此可见，树立远大志向是成功的前提和动力。当今的中学生大多生活比较优渥，有相当一部分人没有什么理想，树立远大的志向显得尤为重要。重复地说教只能让他们厌烦，用什么方法来引导他们树立远大的志向呢？

子曰：君子疾没名之不留于后世也。意思是说，君子最恨死了而名声没有流传下去。司马迁在《感士不遇赋》中也说："没世无闻，古人惟耻。"去世的时候还默默无闻，恐怕是古人最羞耻的事情。带领学生读《史记》，了解这些如刘邦、项羽、陈涉、陈平等历史人物立远志的故事，他们就更容易去思考自己的理想。是的，人生天地之间，接受了上天馈赠的健康的身心，我们也必须为这个世界奉献点什么，最终的成就当然和资质有关，但重要的是都要先有一个自己的"远志"。

（3）敬意呈献给忍辱负重、发愤图强的人——苏秦、勾践、伍子胥、韩信、范雎。

司马迁自己身处困厄而发愤著书，是受到众多历史人物的激励的，所以当写到这些人物忍辱负重发愤图强的经历时，无不从心底升起一股崇敬之情，比如苏秦、勾践、伍子胥、韩信、范雎等，有些人物有别的缺点，但对于他们的"隐忍"，太史公都是肯定的。比如苏秦，这个在历史上不被看好的人物，司马迁却大大地肯定了他出身平民、挂六国相印的奋斗经历和他的远见卓识。

勾践在会稽被打得只剩下了三千越甲，接受文种和范蠡的进谏，屈身事吴。被放回后，卧薪尝胆、衣不重采、食不重味，与民同甘苦。22 年隐忍发奋，励精图治，终于一举灭吴，称霸诸侯。"苦心人，天不负，卧薪尝胆，三千越甲可吞吴。"这一事迹激励了多少人在困境中坚持、在厄运面前抗争，终于得到了痛苦后的欢乐、压抑后的舒怀。

伍子胥不愿和父兄一起被楚王无辜杀害，只身逃出楚国，一路追兵不断，半途疾病缠身，中途乞食为生，终于到达吴国，等待机会辅佐吴王阖闾，带领吴军为父兄报仇。韩信忍胯下之辱，范雎忍魏齐鞭笞、宾客溺尿之辱，这都是弃小节而成大义。

在人生的旅途中，肯定会遇到各种挫折，小至朋友误解，大到他人陷害。这时候每个人都应有一种隐忍的精神，权衡一下，怎样做生命的价值才是发挥到极致。

当然，在大义面前，也要有敢死、赴死的决心和行动，如蔺相如渑池会上"前进缶"，荆轲明知一去不复返却依然义无反顾去刺秦。

（4）敬仰献给坚守"忠""义"之人——荆轲、屈原、冯谖。

《刺客列传》中，荆轲是太史公要竭力表现的一个人物，他见义勇为，急人之难，扶助弱小，不畏强秦；其言必信，其行必果，已诺必诚，不爱其躯，赴士之困厄；荆轲是为正义而死。在秦国蚕食诸侯，眼看就要打到燕国时，卫国人荆轲受燕太子丹之托廷刺秦王，这本身具备国际主义精神，为诸侯国主持正义。他的这种急人之难、挺身而出的勇气，不畏强暴、不怕牺牲的精神难道不正是我们今天的孩子需要培养的吗？

大丈夫处于穷途末路，绝望自杀，司马迁在写时充满了惋惜和万分敬仰之情。诚然生命是可贵的，但与其任人宰割、寄身篱下、同流合污，不如以死保全高洁的节操、留下英雄的美名。在《史记》中自杀而亡的不少，而司马迁喜爱并尊敬的主要是屈原和项羽。屈原身为楚国贵族，文才和政治才能非常出众，但这却招致上官大夫等权贵的嫉妒，终于信而见疑，忠而被谤，被逐出宫门，流放偏远之地。楚怀王不听屈原的建议，被扣押在秦国，最后死于秦国。楚顷襄王听信谗言，非但没有重用屈原，反而将屈原流放得更远。屈原万分绝望，身为楚国贵族，却无力回天，只有选择投江自尽。屈原之死保全了自己高洁的情操，太史公对他表达了无限的敬意，认为屈原之"义"可与日月争光。

除了他们，孟尝君门客冯谖，不论孟尝君是否得势，始终不离不弃，不像一些势利门客，孟尝君得势时，蜂拥云集；孟尝君失势时，则作鸟兽散。作者也对冯谖给予了赞誉，而对势利门客进行了嘲弄。这些坚守节操的人，是真正的中国人的脊梁。今天我们对照古人应当重新审视我们的生命意义，生命不仅要有作为，还要有节操，守忠义。

（5）批判和嘲弄指向杀戮功臣、陷害忠良、自私自利的人——勾践、郭开。

我们应该知道何为"义"，也必须知道何为"不义"。在历史上留名的人都有值得学习的地方，前面已引用了一些例子；同时也有一些让人批判的地方。比如前面歌颂的勾践，其卧薪尝胆困而奋发的精神诚为人赞叹，但他杀戮功臣，"狡兔死，走狗烹；飞鸟尽，良弓藏"。帮他复国的文种被杀，这样的行为实在暴露了他自私暴戾卑劣的一面。尤其这一行为被后世的统治者效仿，实在是害人无数。这是人性中最卑劣的劣根性，希望在于今而后的生活中它能逐渐绝迹。

《史记》里有不少令人深恶痛绝的小人，他们成事不足，败事有余，陷害忠良，毁坏社稷。如赵国的郭开，名将廉颇和李牧都因郭开的谗言而被君王疏远或被君王杀害，赵国因自毁长城而被秦国灭亡。

太史公自己没有飞黄腾达的机会，也就没有机会来实践他的"功成身退"的人生哲学。但是他在笔下人物身上表达了要知退、知避的思想。《越王勾践》中的范蠡在帮助勾践复国灭吴之后，隐逸江湖，成为陶朱公，得以保全性命。《李斯列传》中李斯虽意识到自己已经处于人臣之极，也明白物极则衰的道理，却没有及时退隐，最终落得个凄惨的下场。《商君列传》中也写到有人劝商鞅要退隐。因此，知道退避也是一门很重要的学问。

我接触到的个别孩子很聪明，而在参加集体活动时总是会请假，因为他认为那并不是在学习知识。体育运动会时他会溜到教室上自习，因为他认为运动会耽误时间。这种孩子其实是缺少"仁"的教育，他的心中只有自己，没有他人，更没有集体。这样的孩子在未来的发展中可能会因此碰到一些挫折。在我持续不断地开导下，他后来改变了，在集体中收获了友谊也获得了发展。

我们今天的孩子经常立志做这个、做那个，其实这样泛泛的理想并不等于"志"，"志"是我非这样不能的，不轻易改变的目标，带有很强烈的主观愿望。在我 20 年的教育教学经历里，我总结出有远大志向的孩子迟早会觉醒，会爆发；而没有远志，没有坚定志向的孩子，虽一时领先他人，最终还是平庸之辈。

"志"不能强加，只能让孩子去看有"志"之人的传记，去欣赏有"志"之士的人生。

缺乏行动"力"是现今的学生最大的问题，行动力包括执行力和自制力。由于执行"力"的缺乏，孩子就会天天在定计划，天天依然在浪费时间。自控"力"的缺乏，导致孩子不是在打游戏就是在追剧。所以，用经典作品去唤起他们内心的"生命力"，这是至关重要的。孩子自己能控制"生命力"，家长就只负责准备营养就可以了。

"义"是很重要的，生活中有小"义"，也有大"义"。一次北京市的校际羽毛球比赛，报名的孩子因为有点事情就自行放弃了比赛，也没有提前和老师打招呼。孩子觉得自己放弃了自己的一场比赛，自己可以决定，当然不用给带队老师说；而老师觉得这是一个事关学校荣誉的事情，你报名了，代表的是学校，怎么可以说不参加就不参加呢？你不参加，学校就少一人比赛。学生可能没想这么多。这里就涉及"义",在这里,坚持"义"就要勇于担当,当仁不让,按时参加,奋力拼搏。现在生活中的诱惑越来越多,别人给的东西该不该拿?"见得思义,见利思义",这个原则到今天依然很重要。

"忍"的教育也特别重要,"忍"学习初期之枯燥,得学习研究之乐趣;"忍"一己一时之愤,避冲动之祸患。如今很多青少年犯罪,都与血气方刚,不知"忍"有关。

"退",学生会认为这是年纪较大的人要学习的事情,与正发奋图强的学生无关,其实不然,在一件事还没有结果时,我们要努力用符合"义"的手段尽力争取,这是"尽吾志"。当一件事的结果已经出来时,我们要"退","退"到可以顺其自然,不至于死钻牛角尖。这样才安全,才有下次奋发的可能。要提醒孩子:事前做"儒家",积极进取;事后做"道家",顺其自然。遇一点小挫折就自杀的中学生究其原因并不是抗挫能力差,而是他们对自己要求太高,不能接受自己一点点不成功,归根结底,他们的生命里少了一个字的教育——"退"。我们要告诉孩子,换一个角度想,退步原来是向前。

如果把孩子比作一棵树,父母的用心就是阳光和空气,而《史记》故事中蕴含的仁、志、力、义、忍、退的哲理,经过孩子们的阅读会成为这棵树成长必需的营养。孩子在历史中学习"三观",其过程自然而有趣,其所获无声而有形。父母作为种树人,用心读此书,也可以在他人的人生中吸取营养和教训,培植好自己生命中这棵最重要的树。

读《史记》让学生们获得安身立命的精神滋养,获得立足世界的文化自信,获得评点历史人物的智慧和思维品质。因此,在我的《史记》研读选修课上,孩子们都很有收获,上面的六篇短文可以作为证明。

后记 幸逢《史记》师友助，浅品佳茗沁心脾

当完成这本书稿时，我还是很惊讶的。其实我从来没有想过会写一本关于阅读《史记》的书。因为我太喜欢《史记》了，一遍遍赏读，我只想当一名最虔诚的读者。

2016年，我因翁盛老师结识了"章黄国学"公众号主编、北京师范大学文学院教授孟琢，因为孟老师的热情约稿，我也斗胆写了两篇，一篇是关于进行诸子专题学习的课堂感受，一篇是《曾国藩：从中人到完人的追求》。曾国藩一文很受欢迎。还有人把我的文章改成了考试阅读题，这让我意识到人们对历史还是很感兴趣的。2017年暑假，我翻读《史记》时又多了些感触，体悟到一些教育的智慧，按捺不住写作的冲动，便写了一篇文章《孩子还是富养的好》发给孟琢老师。孟老师很快就在"章黄国学"上发出来，点击率也很高。孟老师问我还有这样的文章吗，我说有，在脑子里。他便鼓励我写出来。于是就有了后来的《教育要给人独特的判断力》。正是有"章黄国学"的支持和鼓励，还有关注"章黄国学"的读者的支持，我才有了继续写下去的想法。

红霞，我的大学舍友兼闺蜜，新华社主任编辑，总是我的第一读者。每次写完一篇小文，她总能给出修改意见，捕捉到读者的期待。在红霞的鼓励和指导下，我的写作越来越顺利。有一天，红霞发给我一组关山月先生写的历史类专栏文章，都是古史新谈类，说："小云，你也可以写这样的系列。"我一看很兴奋，是啊，《史记》里的故事如果换一种方式写出来，既好玩，又可以为传统文化的传承作些贡献。于是，我就在业余时间开始写

作，写出的文章有的在"章黄国学"上发表，有的在我自己的微信公众号上发表。当看到关注我的公众号的人越来越多，我也越来越开心。有好朋友的鼓励和启发，我发现了自己重新解读历史的这一爱好。红霞还专门撰文推荐我的这本书：

念念不忘，必有回响

20多年前，当中云和我坐在北师大的讲堂里，听器宇轩昂的韩兆琦先生讲《史记》的时候，我们并没有想到以后我们中有人写关于《史记》的书。当然，作为中文系的学生，我们可以或者应该有这样的志趣和雄心，但是当时我们完全被韩先生精彩的讲述迷住了，心里都是对司马迁、对《史记》、对韩先生的崇拜，既顾不上，也不敢想自己能不能把这部伟大的作品读透，更不用提写一本跟它有关的书了。

年轻的我们还没有意识到，真正的经典永远不是高高在上的。经典之所以成为经典，就是因为它具备巨大的贴近生命性和生命力。或者醍醐灌顶，或者润物无声，只要你接近它、了解它，它就会在你最需要精神支撑的时候，给你无穷的力量。所以，当20年后中云告诉我，她要写关于《史记》的文章、要开关于《史记》的课，乃至要写一本关于《史记》的书的时候，我并没有感到意外。作为读书人，因为单纯的爱好或者自己的人生际遇，对某部经典产生特殊的兴趣和感情，加以研究阐述，难道不是很平常的事吗？何况，中云的性格和气质，又跟司马迁和《史记》有着那么多相似之处。楚文化对《史记》的影响，以及司马迁对楚文化和楚人的重视、推崇，学界已多有研究。中云作为一名典型的湖南人，"吃得苦、耐得烦、霸得蛮"，她在生活和工作中的执着、忍耐、负重前行，凡此种种，在司马迁的生平、在《报任安书》的字里行间、在《史记》的篇章里，都得到了无尽的诠释和呼应。

唯一让我意外，或者说眼前一亮的，是她研究史记的独特视角。从育人的角度读《史记》，从《史记》中总结提炼教育智慧，此前并非没有人做过，但是中云结合自己20年的教学经历和自己十几年为人母的亲身体会，深入研读，系统分析，殊为难得。作为经验丰富的中学教师，本书的写作以文本细读为基础，说环境、论格局、谈方法、析心理……娓娓道来，相信学子、家长、《史记》爱好者和教育研究者们，读后都会有所收获。

所谓念念不忘，必有回响，中云深爱的这部经典，曾在顺境中给她启发，在逆境中助她救赎，而她在尘埃落定之后，在工作和家庭双重重任在肩的同时，辗转腾挪出时间，将自己的研究心得和教书育人经验融会贯通奉献出这样一部作品，也是对太史公和《史记》的诚意回报了吧！

北京师范大学唐宋文学博士，新华社主任编辑

昝红霞

2018 年 4 月 5 日

缘分总是那么巧。去年暑假，学校的刘新云老师约我开学后给学生们开一门文化课，我马上就想到了开《史记》，每周 90 分钟，我和学生相约《史记》。每次课都是那么幸福。我们徜徉在历史故事的情境中，感受讨论，孩子们则入神地倾听、积极地讨论。第一节课，我讲的是《太史公和〈报任安书〉》，讲《史记》是怎么来的，讲司马迁苟活的意义，讲司马迁在《史记》中寄托的情怀。90 分钟我全程在讲，学生边听边哭。我告诉学生，这本书是司马迁的人生支柱，是他苟活下去的信念所在，于我，这也是我的救命书，是我安身立命之所在。感谢清华附中给我搭建的平台，感谢刘新云老师的推荐和热情学习《史记》的孩子们。

感谢吴国珍老师带我认识华东师范大学出版社的编辑们。他们找到我，我们一起打磨，才有现在这本书稿。这本书的阅读对象是父母，书里除了讲故事，还有"教育启示""自助银行"和"教育箴言"三个板块，"教育启示"侧重从《史记》故事中提炼出的教育启迪；"自助银行"则侧重一些鲜活的教育案例，案例里有师友、现当代的历史名人及当今出色的普通人，我探究他们的经历，体悟其中的教育智慧，实现古今对接，拓宽了我的视野，也加深了我对人生的理解；而"教育箴言"板块，我替读者把本篇传记最精要的一句话提炼出来，提示大家和我一起来思考和感悟其中的教育智慧。

尤其是新型冠状病毒肆虐的这段时间，我从焦虑到沉静，皆因翻开《史记》，潜心思考，带给自己的顿悟。这对本书的最后形成也起了很大作用。

这本书的写作还和我的备课上课紧密相关。我和同组的老师（刘建钰老

后记　幸逢《史记》师友助，浅品佳茗沁心脾

师、朱亮老师、向玉艳老师、陈媛媛老师、付泽新老师）一起开设了《史记》研读选修课，一时间，此门选修课成为校园网上被"秒光"的课程，我们甚至还收到很多要求"开后门"来上这门选修课的电话、短信和微信。我们在选修课结课时组织的论辩活动——"战国四公子选秀论辩"受到学生们的追捧（前文有学生的文章谈到了具体的做法）。学生们很投入，他们进入当时的历史情境，研读《史记》的文本，寻找证据为自己、为公子"代言"，想公子之所想，去维护他，支持他，宣传他，甚至在"代言"中竟不知不觉成了代言的公子本人。其他同学都是战国时的士，在听完四公子们彼此的质辩和答辩后，要重新决定自己的去留，这是既好玩又很有意义的时刻，最后魏公子以礼贤下士、仁爱百姓、急人之困的品质赢得了"最佳公子"的桂冠，也最终吸引到最多的门客。学生们的投入可以说明《史记》可以离学生很近，学生完全可以沉浸在《史记》中，只要形式新颖，引导恰当。

这本书的开始和结束都离不开恩师韩兆琦老师。1994年我进北师大时，韩老师带我们读《史记》。先生的《〈史记〉评注本》《史记讲座》《〈史记〉笺注》我都看了，非常崇拜。我刚开始给学生讲《史记》就是从模仿先生的讲课开始的。2012年韩老又指导我完成了我的教育硕士论文《开设〈史记〉选修课，对中学生进行生命教育的尝试研究》。也是在这篇论文中，我找到了自己读《史记》的角度：从人才的培养和人才的自我建构方面来读《史记》；提出了《史记》中人生建构的五要素：仁、志、力、忍、义。在写这本书时，我又补充了一点，变成了仁、志、力、忍、义、退六要素。这是我这些年读《史记》的收获：人生不能只懂得进取之道，还要懂退隐之道，悟通进退，方是成熟的人。所以，韩老师不仅是我的恩师，还是我的人生导师。我自己也曾一度陷于抑郁和职业倦怠之中，是《史记》给了我力量，把我从自我否定的泥潭中拯救出来。后来在大家的鼓励下，我写出了这本小书。请韩先生过目时，我的内心是忐忑的，没想到韩先生很爽快地答应，让我带着书稿去见他，当时我兴奋极了。韩先生看了这本书的初稿，给了我很多修改建议，这是我莫大的荣幸。惭愧的是，这本书见识还显稚嫩，好在我很努力，力争不辜负韩老师的教诲。

此书得到了我校王殿军校长的大力支持，王校长拨冗为此书写序，肯定了我的《史记》研读选修课为领袖人才奠基所打下的人文基础。得到校长的鼓励，我内心既欣喜不已又忐忑不安，日后唯有继续潜心教书育人，方不辜负他的鼓励和帮助。

感谢同事房春草老师的阅读和建议，并写了推荐文章，虽受之有愧，亦是一种鼓励和鞭策，我将继续努力，以期写出与房老师的评价相匹配的作品。

观今宜鉴古，鉴古以识今

太史公抱着经世致用的目的作《史记》，意欲究天人际，通古今之变，确实用心良苦；后世之人也怀着"观今宜鉴古，鉴古以识今"的宏志来读《史记》，试图继往开来，创业垂统，堪称精神可嘉。然而令人悲哀的事实是，中国历朝历代始终在"其兴也勃焉，其亡也忽焉"的历史周期中往复循环。或许，如果我们的功利心再少些，又或许，如果我们不是对史学的功用作过高的期待，那么，历史上的那些官怠宦成、求荣取辱、人亡政息的悲剧将少一些重演？其实，换一个视角去读史，祛除了其功利的内核，我们会发现，史学不仅是经世致用之学，更是精神教化之学。所谓的读史可以明智，这个智，可能更多的是修身之智、明理之智吧。这种智，可能正是当下青少年们应该具备的。

以上，就是我读唐中云老师根据《史记》挖掘出来的"育儿经"的一点感想。唐老师是我的校友，也是我的同事，在共事的多年里，她无论在为学还是为人方面，都给了我很多有益的启迪。尤其令我钦佩的，是她身上那股蓬勃不息的"湖湘"精神。我想，唐老师应该不仅在《太史公书》的文字上殚精竭虑，更是在太史公的人格上别有会心吧。从这个意义上说，唐老师是把《史记》真正读懂了。谓余不信，请读其书。

北京师范大学明清文学博士、清华附中语文教师
房春草

家长朋友陈文茜女士也为此书提供了宝贵的建议，写出了真诚的推荐阅读文章。

后记　幸逢《史记》师友助，浅品佳著沁心脾

读《很老很老的育儿经》有感

通读完唐老师的这本书稿，让我不禁有重新抱起《史记》阅读的冲动。真是仁者见仁，智者见智，原来对于《史记》还可以从这样的角度来解读。

读这本书最有意思的地方在于：对于同一篇文章，你可以尝试把自己放在不同的位置去体会太史公、唐老师、故事里的每一个主人公、孩子及自己的看法，以此引发一连串思考。

例如《教育要远视，不应近视眼》关于选女婿和孙女婿的故事，我首先跟着唐老师的思路领略了吕老爹眼光的独到，然后跟随吕老爹的角度，模拟历史场景，学习如何去伪存真，慧眼识英雄。再从刘季的角度，论一只"菜鸟"如何得到贵人的赏识，再把视角切换回现代社会，发出"刘季的确是个盖世英雄，但是他这样的人能给另一半幸福吗？"的疑问。

作者的语言通俗易懂，即使没有读过《史记》，也不影响对于故事与人物的理解。最重要的是，学古可以鉴今，古代的故事能引发人们对于现实问题的思考，当我们学着把时间这个参数放到故事中时，很多事情仿佛更通透了。

读罢，我想把这本书推荐给两类人：

第一类是青春期的孩子。他们对太史公的语言无阅读障碍，在对《史记》内容的理解方面，除了历史与文化这些寻常的角度，唐老师的角度可提供给他们更多的思考方式去理解原著，增加他们的阅历，从而更深入地理解历史故事。

第二类是家长们。这本书的作者有着集语文老师和孩子妈妈于一身的双重身份，对于教育理念，既有作为教师的专业思路，也有作为家长日益磨砺的独到心得。此文便是理性与感性、理论与实践融合的佳作。

陈文茜

此书的写作也得到了我的家人的大力支持。暑假没有回老家看望父母，他们没有怪我，我先生不时提醒我写作语言要轻松活泼些，闺女在我写作时更加学习努力，没有让我操心她的学业。

最后还要感谢杨柳燕老师、小妹陈芳、大姐于洪细心帮我校对。

如果这本小书有点可读性，那是经典本身的价值；如果这本书能让您捧起《史记》，就是我最大的快乐。

您的鼓励，会让我继续钻研；您的批评，会让我提高更快。爱《史记》，此生不改。《史记》让你我结缘。

2020 年 2 月 20 日

后记 幸逢《史记》师友助，浅品佳茗沁心脾